Barbara Camalich
Maria Cristina Temperini

Übersetzung Deutsch-Italienisch

Max Hueber Verlag

CIP-Kurztitelaufnahme der Deutschen Bibliothek

Übersetzung Deutsch – Italienisch /
Barbara Camalich ; Maria Cristina Temperini. –
1. Aufl. – Ismaning : Hueber, 1992
ISBN 3–19–005168–2

1. Auflage
© 1992 Max Hueber Verlag, D-8045 Ismaning
Verlagsredaktion: Manfred Zimmer, Ismaning
Layout und Umschlaggestaltung: Erentraut Waldau, Ismaning
Gesamtherstellung: Allgäuer Zeitungsverlag, Kempten
Printed in Germany
ISBN 3–19–005168–2

Indice

Introduzione

Una delle prove più impegnative per chi studia una lingua straniera è senz'altro costituita dalla traduzione. Eppure sono sorprendentemente pochi gli strumenti di lavoro che servano da guida nell'affrontare una tale prova. È nata così questa raccolta di traduzioni che intende fornire agli studenti, cui è anzitutto destinata, un approccio didattico alla traduzione come momento specifico della competenza linguistica, come occasione di confronto e di sintesi creativa tra la sensibilità interpretativa nella lingua originale e le abilità di produzione nella lingua d'arrivo.

Per offrire un ventaglio di traduzioni il più possibile varie – sia dal punto di vista lessicale che sintattico – si sono scelti esempi tratti da racconti, romanzi e da interventi giornalistici di scrittori e pubblicisti diversi. Ogni testo ha un'ampiezza di circa 20/35 righe e forma un contesto a sé stante. I brani sono raggruppati in due sezioni, la prima costituita da testi letterari, la seconda da testi di costume e d'ambiente (giornalistici o letterari). All'interno di ciascuna sezione, i brani si susseguono, indicativamente, in ordine di difficoltà progressiva. Accompagnano ciascun testo una breve nota informativa e alcune indicazioni-guida per la traduzione.

Di ogni brano si propone poi una traduzione esemplare e a commento di essa due tipi di note: le varianti alla traduzione (V) e le spiegazioni (S). Le varianti costituiscono ulteriori possibilità di traduzione. Alcune di esse propongono una versione letterale per meglio corrispondere alle aspettative dello studente e rassicurarlo circa la correttezza di un'eventuale traduzione più vicina al testo di partenza. Va comunque tenuto presente che in molti casi un certo allontanamento dal testo si rende necessario per motivi squisitamente stilistici o estetici che non possono essere ulteriormente commentati. Le spiegazioni sono di tre generi: grammaticali, lessicali e inerenti la civiltà e la cultura in Italia. Gli argomenti trattati nelle note grammaticali e lessicali sono stati scelti soprattutto pensando alle difficoltà, alle incertezze, agli errori tipici e più frequentemente riscontrati nel corso della nostra esperienza didattica. A sostegno delle spiegazioni si è cercato di fornire una vasta gamma di esempi. Nelle note si è fatto ricorso ad un linguaggio non troppo tecnico per rendere più agevole la consultazione ai destinatari. Le grammatiche e i dizionari monolingui e bilingui più autorevoli hanno costituito il corpus degli strumenti di lavoro anche se, certamente, l'esperienza didattica maturata attraverso anni di insegnamento e di lettorato universitario ha avuto un peso non secondario sia nella fase di preparazione che nella meditata revisione di questo lavoro.

Ringraziamo, infine, Elisabetta Zaccaria che con i suoi preziosi suggerimenti ci ha consentito di arricchire il nostro lavoro, Eva Mayerthaler e Marzio Porro per l'attenzione dedicataci. Siamo inoltre grate a Manfred Zimmer per i suoi puntuali commenti sul manoscritto.

Suggerimenti pratici per il lavoro di traduzione

Per utilizzare al meglio questo libro, e per acquisire sempre maggior sicurezza e pratica nella traduzione, si consiglia di seguire e di considerare come parti integranti del proprio lavoro le seguenti fasi:
- leggere attentamente il brano di partenza, cercando di coglierne le principali caratteristiche formali;
- rileggere il testo per individuare i punti critici in vista della traduzione;
- confrontare i risultati dell'analisi individuale con le informazioni e le indicazioni-guida che accompagnano il testo;
- abbozzare una prima traduzione, limitandosi per il momento ad usare soltanto il vocabolario bilingue;
- rifinire il testo tradotto controllando nel vocabolario monolingue i termini che potrebbero generare dubbi ed incertezze;
- confrontare infine la propria traduzione con quella proposta, considerando attentamente anche le varianti e le note lessicali e grammaticali.

Barbara Camalich · Maria Cristina Temperini

Abbreviazoni:

V = varianti   n. = nota   r. = riga
S = spiegazioni   p. = pagina

5

I

Testi
letterari

1 Der Mann, der nie zu spät kam

Ich will von einem Mann erzählen, der immer sehr pünktlich war. Er hieß Wilfried Kalk und war noch nie in seinem Leben zu spät gekommen. Nie zu spät in den Kindergarten, nie zu spät zur Schule, nie zu spät zur Arbeit, nie zu spät zum Zug. Der Mann war stolz darauf.

5 Schon als Kind war Wilfried regelmäßig eine halbe Stunde vor dem Weckerklingeln aufgewacht. Wenn seine Mutter hereinkam, um ihn zu wecken, saß er angezogen in seinem Zimmer und sagte: «Guten Morgen, Mama. Wir müssen uns beeilen.»

Jeden Werktag, wenn der Hausmeister in der Frühe gähnend über den
10 Schulhof schlurfte, um das große Schultor aufzuschließen, stand Wilfried bereits davor.

Andere Kinder spielten nach der Schule Fußball und schauten sich auf dem Heimweg die Schaufenster an. Das tat Wilfried nie. Er rannte sofort nach Hause, um nicht zu spät zum Essen zu kommen.

15 Später arbeitete Wilfried in einem großen Büro in der Nachbarstadt. Er mußte mit dem Zug zur Arbeit fahren. Trotzdem kam er nie zu spät. Er nahm den frühesten Zug und stand immer zwanzig Minuten vor der Abfahrt auf dem richtigen Bahnsteig.

Kein Arbeitskollege konnte sich erinnern, daß er jemals ins Büro ge-
20 kommen wäre und Wilfried Kalk nicht an seinem Schreibtisch gesessen hätte. Der Chef stellte ihn gern als gutes Beispiel hin.

«Die Pünktlichkeit von Herrn Kalk, die lobe ich mir» sagte er. «Da könnte sich mancher hier eine Scheibe abschneiden.»

Deswegen sagten die Arbeitskollegen oft zu Wilfried: «Könntest du
25 nicht wenigstens einmal zu spät kommen? Nur ein einziges Mal!»

Aber Wilfried schüttelte den Kopf und sagte: «Ich sehe nicht ein, welchen Vorteil es bringen soll, zu spät zu kommen. Ich bin mein ganzes Leben lang pünktlich gewesen.»

Wilfried verabredete sich nie mit anderen und ging nie zu einer Ver-
30 sammlung. «Das alles sind Gelegenheiten, bei denen man zu spät kommen könnte», erklärte er. «Und Gefahren soll man meiden.»

Paul Maar

8

L'uomo che non arrivava mai[1] in ritardo

Vorrei[2] raccontare di un uomo che era sempre puntualissimo[3]. Si chiamava Wilfried Kalk e in vita sua[4] non era mai[5] arrivato in ritardo. Mai in ritardo all'asilo, mai in ritardo a scuola, mai in ritardo al lavoro, mai in ritardo al treno. Quest'uomo ne era[6] molto fiero[7].

Fin da bambino[8] Wilfried si era svegliato regolarmente mezz'ora prima 5
che la sveglia suonasse[9]. Quando la madre[10] entrava[11] per[12] svegliarlo, lui era seduto in camera sua[13] già vestito[14], e diceva: «Buon giorno, mamma. Dobbiamo sbrigarci[15].»

Tutti i giorni feriali, quando il custode[16] alla[17] mattina presto attraversava il cortile della scuola, sbadigliando e strascicando i piedi[18], per aprire 10
il grande portone, Wilfried era già là[19].

Gli altri bambini[20], dopo la scuola, erano soliti giocare a calcio e guardare le vetrine tornando[21] a casa. Wilfried, questo, non lo faceva[22] mai[23]. Correva subito[24] a casa per non arrivare tardi[25] a[26] pranzo[27].

In seguito[28] Wilfried lavorò in un grande ufficio nella città vicina. Doveva 15
andare al lavoro[29] in[30] treno. Nonostante ciò[31] non arrivava[32] mai in ritardo. Prendeva il primo treno ed era sempre al binario giusto venti minuti prima della partenza.

Non c'era collega di lavoro che potesse ricordare[33] di essere mai arrivato[34] in ufficio senza che[35] Wilfried Kalk fosse già seduto alla sua scrivania. Il capufficio[36] amava portarlo[37] come esempio. 20

«La puntualità del signor Kalk sì che mi piace[38]», diceva. «Più di qualcuno avrebbe qualcosa da imparare[39].»

Per questo i colleghi dicevano spesso a Wilfried: «Non potresti arrivare in ritardo almeno una volta?[40] Solo una volta.» 25

Ma Wilfried, scuotendo la testa, diceva:[41] «Non vedo che[42] vantaggio ci sia[43] ad arrivare[44] in ritardo[45]. Io in tutta la mia vita[46] sono sempre[47] stato puntale.»

Wilfried non prendeva mai appuntamenti e non andava[48] mai alle riunioni[49]. «Sono tutte occasioni in cui si potrebbe arrivare[50] in ritardo», 30
dichiarava[51]. «E i pericoli vanno evitati[52].»

1. Osservazioni sul testo

Quella di Paul Maar, affermatosi come autore di libri per l'infanzia, è una favola moderna che ha come protagonista Wilfried Kalk, la cui vita è scandita da un ritmo regolare e da un'inesorabile puntualità. Le brevi frasi che compongono il periodo − sia le principali che le subordinate − non presentano costruzioni sintatticamente complesse. Nel lessico, oltremodo elementare, compaiono termini come: *Mann, Kindergarten, Schule, Arbeit, Zug, Mutter, Zimmer, Fußball, Haus, Büro,* che fanno parte del vocabolario base.

2. Consigli per la traduzione

Tutta l'attenzione sarà concentrata sull'uso dei tempi al passato. In alcuni casi si può adoperare sia l'imperfetto che il passato remoto; non si deve però dimenticare che, optando per l'uno o per l'altro, si darà al brano una prospettiva diversa. A tale scopo sarà utile rivedere le regole riguardanti l'uso del passato remoto e dell'imperfetto.
Traducendo questo pezzo si avrà inoltre la possibilità di esercitare la costruzione negativa in taliano e la resa del *Konjunktiv*.

3. Varianti e spiegazioni

1 V − non arrivò mai

S Qui, come più sotto alle righe 13 (faceva/fece), 16 (arrivava/arrivò), 29 (prendeva/prese, andava/andò) sono possibili sia il passato remoto che l'imperfetto. Alla scelta dell'uno o dell'altro è legata però la diversa prospettiva conferita al pezzo. L'uso del passato remoto, infatti, non dà al brano quell'idea di suspense, di attesa di qualcosa che può, che deve succedere, che l'imperfetto invece gli conferisce. La scelta dell'imperfetto contribuisce inoltre a sottolineare il carattere abituale dei comportamenti di Wilfried.

2 V − Voglio

S vorrei
Qui il condizionale, usato al posto dell'indicativo, esprime un'intenzione in modo meno categorico. (Sull'uso del condizionale, vedi *Caro M.*, n. 54, p. 160)

3 V – molto puntuale.

4 S in vita sua
L'aggettivo possessivo – che di norma precede il nome – si pospone:
a) *in alcune espressioni*
a casa mia, è colpa sua, di tasca loro, per conto nostro, per amor tuo, in cuor vostro
Ma si dice anche «nella sua vita», e quindi «in tutta la mia vita» come alla riga 27.
b) *nei casi in cui è usato in contrapposizione ad altro possessivo*
Lo scherzo fallo pure agli amici tuoi, non ai miei.

5 S La combinazione *noch nie*, usuale in tedesco, non trova in italiano una combinazione simile; si traduce privilegiando *nie* → «mai».

6 V – **Di questo lui** era

7 V – orgoglioso.

S fiero/orgoglioso di
Tra gli aggettivi che reggono la preposizione «di» sia davanti ad un nome che davanti ad un verbo all'infinito, ricordiamo:

capace di	contento di	degno di	stanco di
certo di	convinto di	felice di	stufo di
colpevole di	curioso di	sicuro di	

Es: – Non siete stanchi di viaggiare sempre in roulotte?
– Luca è sicuro di essere il migliore.
– Tu sei sempre convinta delle tue scelte. Beata te!

8 S *Kind* = bambino, fanciullo, bimbo
Preferiamo tradurre con «bambino», in quanto «fanciullo» è di uso letterario o comunque più elevato, e «bimbo» – di uso originariamente toscano – ricorre in alcune regioni soprattutto nella lingua colta.
Si ricordi inoltre che «bambino» è sinonimo di «figlio» soltanto quando questo non abbia superato il periodo dell'infanzia.

9 V – prima che **suonasse la sveglia**/prima del **suono della sveglia.**

10 V – sua madre

11

11 S Questo imperfetto, come gli altri che seguono («diceva r. 7, attraversava r. 9, era r. 11, erano soliti r. 12, correva r. 14, prendeva r. 17, amava r. 21, diceva r. 22, dicevano r. 24, diceva r. 26, dichiarava r. 31») segnala che le azioni dei personaggi si ripetono ogni giorno, abitualmente quasi come un rito.

12 V – a

13 V – nella sua camera/stanza

14 S lui **se ne stava seduto, vestito,** in camera sua e

15 V – spicciarci/far presto/fare in fretta/affrettarci.»

S in fretta
La locuzione avverbiale «in fretta» significa fare qualcosa rapidamente e nel minor tempo possibile.
Es: – Non mangiare in fretta, ti fa male!
   – È una riparazione fatta in fretta.
   – Cammina un po' più in fretta, per favore!
Si ricordino le espressioni rafforzate «in gran fretta, in tutta fretta, in fretta e furia» che sono molto comuni.
Esiste anche la locuzione avverbiale «di fretta» usata nelle espressioni:
«essere di fretta, andare di fretta», cioè «aver fretta»
«camminare di fretta», cioè «camminare con passo affrettato», abbastanza simile a «camminare in fretta».
Es: – Non posso fermarmi, sono di fretta.
   – Quando passa di qui, va sempre di fretta (cioè ha fretta).
   – Non si può sempre camminare di fretta.

16 V – bidello

17 V – di/la

18 V – si trascinava sbadigliando attraverso il cortile della scuola

19 V – lì davanti.

20 S Questa traduzione è senz'altro più comune in italiano rispetto ad «altri bambini».

21 V − andando

22 V − fece

23 V − Wilfried **non lo faceva mai.**

24 V − immediatamente

25 V − in ritardo

26 V − per il

27 S pranzo
Il «pranzo» è il pasto principale della giornata che, con variazioni regionali e sociali, può essere quello di mezzogiorno o quello della sera, che è chiamato anche «cena».
Per indicare il pasto di mezzogiorno esiste inoltre il termine «colazione», anch'esso legato ad usi regionali e sociali. Chi usa questo termine intende ovviamente la «seconda colazione» e non la «prima colazione», il primo pasto leggero del mattino.

28 V − Poi

29 V − a lavorare

30 V − con il

31 V − Eppure

32 V − arrivò

33 V − ricordarsi

S Oltre a «ricordare/ricordarsi» esistono altri verbi che possono essere usati indifferentemente nella forma riflessiva e in quella non riflessiva:

appassire/appassirsi   gelare/gelarsi
bisticciare/bisticciarsi   riposare/riposarsi
dimenticare/dimenticarsi   sbagliare/sbagliarsi

Es: − (Si) bisticciano sempre, ma in fondo si vogliono molto bene.
  − Da quando abbiamo iniziato questo lavoro non riesco più a riposare (riposarmi).

13

34 V – Nessun collega di lavoro poteva ricordare di essere arrivato mai

35 S Sull'ipotetica traduzione letterale «potesse/poteva ricordare che era/fosse mai arrivato in ufficio e che Wilfried Kalk non era/fosse ...» si osservi: nella prima secondaria la forma esplicita con «che» (che era) è goffa e pesante; a questa si preferisce senz'altro, per lo stile, la forma implicita con «di» (di essere), essendoci uguaglianza di soggetti tra principale e secondaria. Ma nella seconda dipendente, invece, è possibile solo la forma esplicita (che non era) essendo diversi i soggetti della principale e della secondaria. Avendo optato nella prima secondaria per la forma stilisticamente migliore (di), si è dovuto anche pensare ad una soluzione diversa per la seconda dipendente (senza che) non essendo più la forma «e che Wilfried Kalk non era» in sintonia con la precedente.

36 V – Il direttore

37 V – lo additava spesso

38 V – va elogiata/lodata»
– merita di essere lodata/elogiata»

S va elogiata
Il verbo *andare* (nei tempi semplici escluso il passato remoto) + *il participio passato* di un verbo serve a formare il passivo quando si vuole esprimere un'idea di necessità.
Es: – Gli aiuti ai paesi in via di sviluppo vanno sostenuti.
– Questa gonna andrebbe accorciata.
Ma il verbo *andare* insieme al *participio passato* di verbi come «distruggere/perdere/smarrire/sprecare» dà luogo alla forma passiva senza particolari sfumature.
Es: – Nella confusione andarono perduti documenti importanti.
– Per quel progetto sono andati sprecati troppi soldi.

39 V – «Per più di qualcuno ci sarebbe da imparare.»

40 V – per una volta sola?/per un'unica volta?/una volta sola?/una sola volta?

41 V – scuoteva la testa e diceva

42 V – quale

43 V – ci dovrebbe essere

44 V – nell'arrivare

45 V – tardi.

46 V – In tutta la mia vita

47 S In italiano si sente la necessità di aggiungere «sempre» rispetto al testo tedesco, a causa del riferimento all'intero arco della vita, («in tutta la mia vita») che richiede questa sorta di rafforzamento.

48 V – non prese ... e non andò

49 V – ad una riunione.

50 V – giungere

51 V – spiegava

52 V – si devono evitare.»

2 Ich sehe mich

Es regnete und stürmte draußen. Obwohl noch früher Nachmittag, war es bereits so dunkel, daß die Lampen brennen mußten. Monika stand im Flur vor dem großen Spiegel. Sie drehte sich hin und her, schnitt Grimassen und war ernst. Sie setzte Vaters Hut auf und sagte mit tiefer
5 Stimme: «Meine sehr verehrten Damen und Herren ...» und später mit Klaus' Pudelmütze auf dem Kopf: «Aaaaaale, Aaaaaale ...» Plötzlich wurde es für eine ganze Weile still. Schließlich rief sie ihrer Mutter zu: «Mutti, wer bin ich nun eigentlich?»
Die Mutter hatte ihr Bügelbrett bei Monika im Zimmer aufgestellt und
10 bügelte Hemden. Monika hatte es gern, wenn die Mutter bei ihr im Zimmer bügelte. Sie spielten dann Wortspiele zusammen, und Mutter hatte viel Zeit, Dinge zu erklären. Die Mutter sah sich nach Monika um. Sie stand immer noch vor dem Spiegel. Ohne Hut und sehr ernst. Mutter sagte: «Wer du wirklich bist? Das kommt darauf an.»
15 «Worauf?»
«Na, auf den Standpunkt, von dem aus du betrachtet wirst.»
«Das versteh ich nicht. Ich kann doch niemand anders sein als ich. Aber wer bin ich denn?»
Mutter überlegte einen Augenblick. «Na, komm her und leg dich hier
20 auf den Fußboden», sagte sie zu Monika.
«Wo bügele ich denn jetzt: über oder unter dir?»
«Über mir natürlich.»
«Und wenn du dich auf den Schrank da stellst?»
«Na, unter mir natürlich.»
25 «Siehste», sagte Mutter. «Und wo bügele ich denn nun wirklich?»
Monika dachte nach. Schließlich sagte sie: «Na, gut, das versteh ich. Aber wie komm ich da jetzt rein?»
«Ganz einfach, was meinst du, sagt dein Bruder Jürgen von dir?»
«Daß ich eine dumme, blöde Gans bin, die immer alles kaputt macht.»
30 «Und was wird deine Lehrerin sagen?»
«Sie sagt, daß ich eine Stütze der Klasse bin.»

Karin Bolte

Io mi vedo[1]

Fuori pioveva e tirava un vento forte[2]. Nonostante fosse[3] ancora primo pomeriggio, faceva[4] già così buio che si dovevano tenere le luci[5] accese[6]. Monika era[7] in corridoio davanti al grande specchio. Si girava da una parte e dall'altra[8], faceva smorfie[9] ed era seria. Si mise[10] il cappello del papà[11] e disse con voce profonda: «Gentili signore e signori[12]...» e poi[13] con il berretto di lana di Klaus in testa[14]: «Anguilleee, anguilleee...» D'improvviso[15] ci fu un lungo momento di silenzio[16]. Infine Monika chiese[17] alla madre[18]: «Mamma, ma io chi sono veramente[19]?» La madre aveva messo[20] l'asse da stiro nella camera[21] di Monika e stava stirando[22] delle camicie. A Monika piaceva quando la madre stirava nella sua stanza. Facevano insieme dei giochi di parole e la mamma aveva tempo per spiegare[23] tante cose[24]. La madre si girò verso Monika. Lei era[25] ancora davanti allo specchio[26]. Senza cappello e molto seria. La mamma disse: «Chi sei veramente? Dipende.» «Da che cosa?» «Mah, dal punto di vista da cui vieni[27] osservata.» «Non capisco. Io non posso essere che io[28]. Ma chi sono io[29]?» La mamma pensò[30] un momento[31]. «Dai, vieni qui e stenditi sul pavimento[32]», disse a Monika. «Dove sto stirando[33] adesso[34]: sopra o sotto di te?» «Sopra di me, naturalmente[35].» «E se[36] ti metti là sull'armadio[37]?» «Sotto di me[38], naturalmente.» «Lo vedi[39]», disse la mamma. «E allora io dove sto stirando veramente?» Monika ci pensò[40]. Infine disse: «E va bene, questo lo capisco. Ma che cosa c'entra con me[41]?» «È semplicissimo, cosa pensi che dica di te tuo fratello Jürgen?» «Che sono un'oca stupida e sciocca[42] che rompe sempre tutto.» «E che cosa dice[43] la tua insegnante[44]?» «Dice che sono una colonna della classe[45].»

1. Osservazioni sul testo

Il profondo interesse per il mondo dell'infanzia e dell'adoloscenza – legato anche all'attività di assistente sociale dell'autrice – traspare in questo racconto di Karin Bolte.

Monika, la protagonista, è una ragazzina che cerca di scoprire qualcosa di se stessa osservandosi allo specchio e parlando con la madre. Le risposte e le domande che la madre a sua volta le pone e su cui Monika deve riflettere, le fanno trovare la soluzione dei suoi interrogativi.

Il dialogo tra madre e figlia, dunque, costruito su domande e risposte brevi, caratterizza tutto il brano. Più volte compaiono le particelle *na, denn, aber,* tipiche della lingua parlata.

2. Consigli per la traduzione

La difficoltà maggiore consisterà proprio nel tradurre in modo appropriato questo tipo di linguaggio colloquiale, per esempio nel rendere le particelle *na, denn, aber* nel modo di volta in volta più adeguato al contesto.

Per le parole *die Mutter, Mutter, Mutti* si dovrà cercare un equivalente che rispecchi anche in italiano le sfumature di registro e di uso di questi termini.

La traduzione di questo testo contribuirà ad allargare preziose conoscenze della lingua parlata che spesso sono meno «a portata di mano».

3. Varianti e spiegazioni

1 V – Io vedo me

  S In questo contesto in cui soggetto e oggetto sono la stessa persona si è preferito mantenere in italiano il pronome personale soggetto «io».

  S La variante «me» forma tonica del pronome è più forte. A tal proposito vedi *Non so esattamente,* n. 10, p. 123

2 V – c'era tempesta.

3 V – Pur essendo/Anche se era

4 V – era

5 V – si doveva tenere la luce accesa.

6 V – Faceva già così buio che, nonostante fosse ancora primo pomeriggio, si dovevano tenere accese le luci.

7 V – stava

8 V – di qua e di là

9 V – le boccacce

S *Grimasse* = smorfia, boccaccia, versaccio
Si ricordi che «versaccio» indica anche un gesto villano fatto con le mani.
Si noti inoltre la presenza dell'articolo nell'espressione «fare le boccacce».

10 S Dopo gli imperfetti «pioveva, tirava vento, faceva buio», che stanno a descrivere lo sfondo dell'azione, ed «era, si girava, faceva smorfie, era seria», che descrivono la protagonista e le sue azioni ripetute, inizia con il passato remoto «mise» e «disse» la sequenza delle azioni non ripetute, ma finite, concluse.

11 S *Vater* = padre, babbo, papà
«Padre» è di uso comune se usato in terza persona, mentre è di uso letterario in seconda persona come vocativo o appellativo. In questo caso, sono comunemente usati i sinonimi affettivi «babbo» e «papà». «Babbo» è proprio della lingua parlata toscana (ma è usato anche nella lingua letteraria nazionale) e «papà» di quella settentrionale e centro-meridionale. Ma il 19 marzo si festeggia in tutta Italia la «Festa del papà».

12 S È questa la formula più diffusa con cui ci si rivolge ad un pubblico di ascoltatori, formula che non prevede né il possessivo, né la forma del superlativo.

13 V – dopo

14 S *Kopf* = testa, capo

«Testa» è più comune ed usato di «capo» (frequente solo in Toscana). Si ricordino alcuni modi di dire:

lavata di testa/lavata di capo	(rimprovero severo)
entrare in testa/entrare in capo	(capire)
rompersi la testa/rompersi il capo	(pensare e ripensare con impegno per trovare una soluzione)
dalla testa ai piedi/da capo a piedi	(completamente, in tutto il corpo)

e solo con «testa»:

tagliare la testa al toro	(prendere una decisione netta)
essere una testa matta	(avere un carattere originale, strano)
togliersi (qualcosa) dalla testa	(dimenticare, rinunciare)
agire di testa propria	(agire secondo le proprie convinzioni, senza ascoltare i consigli degli altri)

15 V – Improvvisamente

16 V – ci fu silenzio per un bel po'.

17 V – **esclamò rivolta** alla madre:

18 S Per differenziare, restando fedeli al testo, la resa del sostantivo *Mutter* con e senza articolo e del suo vezzeggiativo *Mutti,* abbiamo tradotto: *die Mutter* «la madre», *Mutter* «la mamma», *Mutti* «mamma».

19 V – ma **insomma, chi sono io** veramente?»

20 V – sistemato

21 V – stanza

22 V – stirava

S Riguardo alla forma perifrastica con il gerundio, vedi n. 33 di questo testo.

23 V – il tempo di spiegare

24 S aveva tempo per spiegare tante cose

La traduzione letterale è stilisticamente inefficace; in particolare il sostantivo «cose» senza alcun articolo o aggettivo di accompagnamento è inconsueto in italiano. Si è pensato allora alle soluzioni proposte che sottolineano come la madre mentre stira sia disponibile a parlare con Monica.

25 V – stava

26 V – La madre si girò verso Monika **che** era ancora davanti allo specchio.

27 V – sei

S vieni osservata/sei osservata

Il passivo si può formare con l'ausiliare «essere» o «venire». L'ausiliare «venire» si può usare solo nei tempi semplici e conferisce al verbo un valore dinamico, mentre l'ausiliare «essere» dà un valore statico.
Es: – I giardini vengono ripuliti con la massima cura.
     – Le tasse non sempre sono pagate da tutti i cittadini.

Talvolta però si deve ricorrere a «venire» per evitare ambiguità con l'uso aggettivale del participio che indica uno stato, il risultato di un'azione avvenuta in precedenza, non già l'azione stessa.
Es: – La lampada viene accesa.
     – La lampada è accesa.
     – Il vestito viene stirato.
     – Il vestito è stirato.

28 V – Non posso essere nessun altro che me stessa.

29 V – Ma io chi sono?»

30 V – rifletté/stette un momento a pensare.

31 V – un attimo.

32 V – per terra»

33 S sto stirando

Dal contesto risulta chiaro che l'azione dello stirare è ancora in

atto, ancora in svolgimento; in questo caso in italiano è preferibile la costruzione *stare* + *gerundio*:
  - Stava lavando la macchina, quando arrivò il temporale.
  - Non posso rispondere al telefono, sto facendo il bagno.

34 V – ora

35 V – «Chiaro, sopra di me.»

36 S *wenn* = se, quando
Qui *wenn* ha valore condizionale; in questo caso è tradotto con «se» e il verbo all'indicativo o al congiuntivo a seconda dei casi.
Es: – *Wenn du dich nicht beeilst, bekommst du nichts mehr zu essen.*
  - Se non ti sbrighi, non trovi più niente da mangiare.

  - *Wenn er nicht gestohlen hätte, säße er heute nicht im Gefängnis.*
  - Se non avesse rubato, oggi non sarebbe in prigione.

In altri contesti, quando *wenn* ha un valore che sta tra il condizionale e il temporale, può essere tradotto sia con «se» che con «quando» e il verbo si trova solo all'indicativo.
Es: – Se/quando c'è la pace, tutti i problemi si risolvono più facilmente.
  - Si dorme meglio, se/quando c'è silenzio.

37 V – sopra l'armadio?»

38 S sotto di me
Le preposizioni «davanti, dentro, dietro, fuori, sopra, sotto» possono avere le seguenti costruzioni:
a) *quando sono seguite da un pronome personale:*

| davanti a me | dietro di/a me | sopra di me |
| dentro di me | fuori di me | sotto di me |

b) *quando sono seguite da un nome:*

| davanti il/al tavolo | dietro la/alla casa | sopra il/al tavolo |
| dentro la/alla casa | fuori della casa | sotto il/al tavolo |

39 V – «Hai visto?»

40 V – Monika **rifletté.**

41 V – «Ma **io come c'entro?**»

42 V – scema

43 V – E che cosa **pensi che dica**

   S Impossibile in questo caso mantenere l'aspetto del futuro modale
   tedesco; la prospettiva della lingua italiana esige infatti il presente.

44 S *Lehrerin* = maestra, insegnante
   «Insegnante» e il suo sinonimo «docente», più frequente nel linguaggio burocratico, indicano chi insegna in qualsiasi tipo e livello di scuola, «maestra» invece è solo chi insegna alle elementari; è
   per questo che abbiamo scelto il termine più generale.

45 V – «Che sono un pilastro per la classe.»

3 Das dicke Kind

Es war Ende Januar, bald nach den Weihnachtsferien, als das dicke
Kind zu mir kam. Ich hatte in diesem Winter angefangen, an die Kinder aus der Nachbarschaft Bücher auszuleihen, die sie an einem bestimmten Wochentag holen und zurückbringen sollten. Natürlich kann-
te ich die meisten dieser Kinder, aber es kamen auch manchmal Frem-
de, die nicht in unserer Straße wohnten. Und wenn auch die Mehrzahl
von ihnen gerade nur so lange Zeit blieb, wie der Umtausch in An-
spruch nahm, so gab es doch einige, die sich hinsetzten und gleich an
der Stelle zu lesen begannen. Dann saß ich an meinem Schreibtisch und
arbeitete, und die Kinder saßen an dem kleinen Tisch bei der Bücher-
wand, und ihre Gegenwart war mir angenehm und störte mich nicht.
Das dicke Kind kam an einem Freitag oder Samstag, jedenfalls nicht an
dem zum Ausleihen bestimmten Tag. Ich hatte vor, auszugehen und war
im Begriff, einen kleinen Imbiß, den ich mir gerichtet hatte, ins Zimmer
zu tragen. Kurz vorher hatte ich einen Besuch gehabt und dieser mußte
wohl vergessen haben, die Eingangstüre zu schließen. So kam es, daß
das dicke Kind ganz plötzlich vor mir stand, gerade als ich das Tablett
auf den Schreibtisch niedergesetzt hatte und mich umwandte, um noch
etwas in der Küche zu holen. Es war ein Mädchen von vielleicht zwölf
Jahren, das einen altmodischen Lodenmantel und schwarze, gestrickte
Gamaschen anhatte und an einem Riemen ein paar Schlittschuhe trug,
und es kam mir bekannt, aber doch nicht richtig bekannt vor, und weil
es so leise hereingekommen war, hatte es mich erschreckt.

Marie Luise Kaschnitz

La bambina[1] grassa

Era la fine di gennaio[2], poco[3] dopo le vacanze di Natale, quando la bambina grassa venne da me. In quell'[4]inverno[5] avevo cominciato[6] a dare in prestito dei libri ai bambini del vicinato[7]: li dovevano venire a prendere e a restituire[8] un giorno preciso[9] della settimana. Naturalmente conoscevo la maggior parte di questi bambini[10], ma qualche volta ne venivano di sconosciuti[11] che non abitavano nella nostra via[12]. E anche se i più[13] si fermavano solo il tempo necessario[14] per il prestito o la restituzione[15], ce n'erano alcuni che si sedevano[16] e cominciavano[17] subito[18] a leggere[19]. Allora me ne stavo a lavorare[20] alla scrivania[21], e intanto i bambini sedevano[22] al tavolino vicino alla libreria e[23] la loro presenza mi era gradita[24] e non mi infastidiva[25].

La bambina grassa venne un venerdì o un sabato, in ogni caso non nel giorno[26] fissato[27] per il prestito. Avevo intenzione di uscire[28] e stavo per portarmi nella stanza[29] uno spuntino[30] che mi ero preparata[31]. Poco prima c'era stato un ospite[32] e probabilmente aveva dimenticato[33] di chiudere la porta d'ingresso. E così mi trovai[34] davanti all'improvviso la bambina grassa, proprio mentre, appoggiato il vassoio sulla scrivania, mi giravo per andare a prendere qualcos'altro in cucina[35]. Era una ragazzina[36] di circa dodici anni,[37] e che indossava un loden[38] fuori moda[39] e delle ghette[40] nere fatte a maglia, e che portava un paio di pattini[41] legati ad una cinghia[42], e mi sembrava di conoscerla, ma non ne ero certa[43], e[44] mi aveva spaventata entrando[45] così piano[46].

1. Osservazioni sul testo

In questo racconto, sottilmente irreale, di Marie Luise Kaschnitz, la narratrice ricorda, ancora con disagio, l'incontro con una bambina sfiduciata che si è già rassegnata a non essere amata. La prosa del brano ha un ritmo tutto particolare conferitogli dall'uso reiterato di *und* che in ultima analisi, più che a congiungere, serve a sottolineare il susseguirsi dei ricordi.

2. Consigli per la traduzione

Per rendere il ritmo del brano di partenza si possono seguire due strade: mantenere la congiunzione «e» o ricorrere alla punteggiatura scegliendo il segno più opportuno. A tale scopo potrebbe essere d'aiuto evidenziare in qualche modo tutte le congiunzioni *und*.

Non si dimentichi inoltre, per le concordanze di aggettivi e participi, che chi narra è una donna, come risulta poi dal racconto.

3. Varianti e spiegazioni

1 S *Kind* = bambino (-a)
Non si dimentichi che *Kind* traduce in italiano anche «bambina»; sarà quindi il contesto a suggerire di volta in volta il genere opportuno.

2 V – Accadde/fu alla fine ... che

3 V – subito

4 S *in diesem Winter* = in quell'inverno
Non è possibile tradurre con «in quest'inverno» perché qui l'aggettivo dimostrativo *dieser* è legato ad una indicazione di tempo che riguarda il passato, qualcosa di lontano rispetto a chi racconta o ascolta; in italiano quindi si può usare solo «quello».

5 V – Quell'inverno

6 V – avevo iniziato

S I verbi che indicano l'inizio o la continuazione di un'azione, quando reggono un infinito, si legano ad esso con la preposizione «a»:

cominciare a	iniziare a	riprendere a
continuare a	mettersi a	

Tra i numerosissimi verbi che richiedono la stessa costruzione:

abituarsi a	correre a	prepararsi a
affrettarsi a	costringere a	provvedere a
aiutare a	divertirsi a	restare a
andare a	esitare a	riuscire a
autorizzare a	imparare a	scendere a
contribuire a	insegnare a	spingere a
convincere a	invitare a	voltarsi a

Es: – Raffaele è sceso a comprare il giornale.
   – Per viaggiare bisogna abituarsi a mangiare di tutto.
   – L'ho invitato a venire con noi in aereo a Bologna.
   – Siete poi riusciti a far partire la macchina?

7 V – ai bambini dei vicini
   – ai bambini che abitavano vicino a me

8 V – dovevano venire a prenderli e a restituirli
   – vicinato, **che** dovevano venire a prenderli e a restituirli

9 V – stabilito

10 V – li conoscevo quasi tutti, questi bambini

11 V – ne venivano **altri che non conoscevo e che**

S *fremd* = sconosciuto, ignoto, estraneo, straniero, forestiero

«sconosciuto»
   – che non si conosce, non si è mai visto: città, paese, parente, autore, malattia
   – che non si è mai sperimentato prima: farmaco, sensazione

«ignoto»
   – che nessuno conosce: paese, regione, persona, autore, genitori, destinazione

«estraneo»
- che non ha nessun rapporto di parentela o di conoscenza con la persona che parla o di cui si parla: «Ad una persona estranea non si confidano i propri segreti.»
- che non appartiene ad un determinato ambiente o categoria di persone: «È vietato l'ingresso alle persone estranee ai lavori.»

«straniero»
- che è di uno stato, di un paese diverso dal proprio: popolo, terra, accento, lingua, usanza

«forestiero»
- che proviene da un'altra regione, città o località: turisti, villeggianti, costumi, usi, parole

«forestiero» è anche sinonimo più raro di «straniero».

Molto ricorrenti sono anche gli aggettivi sostantivati: «lo sconosciuto, l'ignoto, l'estraneo, lo straniero, il forestiero».

12 V – strada.

13 V – **quasi tutti** si fermavano/**la maggior parte di loro si fermava**

14 V – quel tanto che bastava

15 V – per riconsegnare un libro e prenderne in prestito un altro

S Invece di tradurre alla lettera *Umtausch* («cambio»), abbiamo preferito chiarire di che tipo di cambio si tratti, cioè di restituzione e prestito di libri.

16 V – si mettevano a sedere

17 V – iniziavano

18 V – immediatamente

19 V – **I più** si fermavano ... **alcuni però si sedevano** ... a leggere.

20 V – lavoravo seduta alla scrivania
– ero seduta alla scrivania e lavoravo

S starsene

L'avverbio pronominale «ne» compare in numerose espressioni idiomatiche come:

Ne ho le tasche piene dei tuoi problemi!	(Sono stanco, stufo dei tuoi problemi.)
Che ne è dei tuoi cugini?	(Come stanno, cosa fanno i tuoi cugini?)
Quanti ne abbiamo martedì prossimo?	(Che giorno è martedì prossimo?)
Infischiatevene delle chiacchiere altrui!	(Non badate, non date importanza alle chiacchiere altrui.)

21 S *Schreibtisch* = scrivania, scrittoio

«Scrittoio» è di uso meno frequente ed è legato ad un tipo di mobile più antico.

S *an meinem Schreibtisch* = alla scrivania

In italiano il possessivo non occorre, anche se non sarebbe sbagliato dire «alla mia scrivania». Questo accade quando dal contesto risulta chiaro il rapporto di appartenenza.

22 V − mentre i bambini erano seduti

23 V − libreria; la loro

S «;»

Quasi ovunque si è potuta mantenere la congiunzione «e» per sottolineare il ritmo del testo, basato sulle associazioni dei ricordi. Non si è però trascurata la possibilità di una resa diversa; abbastanza efficace è apparso, a questo scopo, l'uso del punto e virgola in corrispondenza di una congiunzione che, in fondo, ha la funzione, più che di congiungere, di porre in sequenza i flash della memoria.

24 V − faceva piacere

25 V − disturbava.

26 V − il giorno

27 V − stabilito/previsto

28 V – Volevo uscire

29 S *Zimmer* = camera, stanza
Qui non è possibile tradurre con «camera», in quanto questo termine, che non è specificato nella sua funzione (camera da, camera di), rimanda immediatamente al suo significato per antonomasia, cioè quello di «camera da letto». (Su «camera/stanza», vedi *La partitissima,* n. 35, p. 60)

30 S «Spuntino» appartiene al gruppo di quelle parole che pur terminando in -ino/-ina non sono diminutivi; ne elenchiamo alcune:

accendino	cortina	melanina	tacchino
assassino	malandrino	postino	taccuino
camino	mattino	scontrino	vetrina

31 V – che mi ero preparato.

S Il participio passato di un verbo riflessivo può essere concordato per genere e numero con il soggetto o, più raramente, con il complemento oggetto.

32 V – qualcuno era venuto a farmi visita

S Si sarebbe potuto tradurre *Besuch* con «visita», se si fosse trattato solo della frase: «Poco prima c'era stata una visita». Ma nel testo si prosegue con «e probabilmente aveva dimenticato di chiudere la porta», e poiché in italiano la personificazione di «visita» non si spinge fino al punto di poterle attribuire un'azione come quella di chiudere la porta, dobbiamo ricorrere ad «ospite» o a «qualcuno».
Si notino le diverse traduzioni di *Besuch:*
– *Wir wollen unserem Besuch die Stadt zeigen.*
– Vogliamo far vedere la città ai nostri ospiti.

– *Wir haben heute Besuch.*
– Oggi abbiamo visite.

– *Es ist ein Besuch für dich da.*
– C'è una visita per te.

33 V – doveva aver dimenticato
– aveva probabilmente dimenticato

34 V − Così accadde che la bambina grassa d'improvviso fosse/era davanti a me, proprio quando mi girai, dopo aver appoggiato il vassoio sulla scrivania, per

S Si ricordi che nelle secondarie rette dai verbi «accadere, succedere, avvenire, capitare» si usa sia il congiuntivo che l'indicativo.
(Per l'uso di congiuntivo/indicativo, vedi *Nel tardo autunno del '41*, n. 24, p. 50)

V − E così mi trovai improvvisamente davanti la bambina grassa proprio quando ... mi girai per

S Riguardo all'uso dei tempi, si noti come nella traduzione scelta l'azione di «girarsi» venga presentata come già iniziata ma non finita rispetto a quella compiuta di «trovarsi davanti» (mi giravo ... mi trovai).
Nella variante, invece, le due azioni, quella di «girarsi» e quella di «trovarsi davanti» sono presentate come compiute (mi girai ... mi trovai).

35 V − **ancora qualcosa** in cucina.

S Generalmente in italiano la preposizione «in» non è articolata quando si trova davanti a nomi indicanti le stanze della casa.
− *Wir haben endlich den kleinen Biedermeiertisch, der auf dem Dachboden war, ins Wohnzimmer gestellt.*
− Abbiamo finalmente portato in soggiorno il tavolino Biedermeier che era in soffitta.

36 S *Mädchen* = bambina, ragazzina, ragazza
A seconda dell'età si parla di «bambina» nel periodo dell'infanzia, di «ragazzina» in quello dell'adolescenza, mentre «ragazza» indica una giovane donna.

37 V − sui dodici anni

38 V − anni, **con un loden**

39 V − passato di moda

40 V − uose

41 S pattini

Il termine si usa generalmente per indicare sia i «pattini da ghiaccio» che i «pattini a rotelle»; per questi ultimi esiste anche il termine «schettini», che però è più raro.

42 V − cinghia; mi

43 V − ma **non proprio bene**

44 V − certa; mi

45 S Per il gerundio, vedi *Il grande Wildenberg,* n. 9, p. 83

46 V − e siccome era entrata senza far rumore mi aveva spaventata/mi aveva fatto paura.

4 Horoskop für den Löwen

Was seinem Freund Vitus fehlt, ist Selbstvertrauen. Georg nimmt ihm das schon längere Zeit übel.

Nach einem anstrengenden Denkprozeß ist Georg entschlossen, den Überfall auf die Tuffenfeldner Sparkasse allein zu schaffen. Immerhin

5 ist auch ein Vorteil dabei. Er muß die Beute nicht teilen.

Seine Ausstattung liegt in der Hausbar bereit. Affenmaske, schwarze Windjacke, Handschuhe, Pistole, Plastiksack. Sogar das Kärtchen mit der Aufschrift: «Überfall – Geld her!»

Georg muß nur noch den Zeitpunkt bestimmen.

10 «Wie wäre es mit einem Mittwoch?», sagt Luise, seine Frau. «Ich meine, weil du an einem Mittwoch geboren bist. Und überhaupt – ein Mittwoch ist ein so unauffälliger Tag.»

Das Wochenhoroskop in der «Illustrierten Sonntagswelt» gibt Luise recht. Für den kommenden Mittwoch wird allen im Zeichen des Löwen

15 geborenen Leuten beste Kondition und Glück in Geldsachen vorausgesagt.

«Bestell morgen den Kranz, Luise», sagt Georg.

«Tannenzweige und Rosen aus Papier.»

«Mit Schleife?», fragt sie.

20 «Zu teuer», sagt er. «Ohne Schleife und ohne Vitus. Der spielt diesmal nicht mit. Es wird eine Solopartie.»

Luise weiß, wofür Georg den Kranz braucht. Er wird den Kranz so geschickt auf dem Kofferraum des Fluchtwagens montieren, daß ein paar «Tannenzweige die Nummerntafel abdecken.»

25 Am Dienstag um neun Uhr vierzig stellt Georg einen Leihwagen der Firma Weinkolb im letzten Winkel einer Tiefgarage ab. Um zehn kommt Luise mit dem Kranz. Sie sieht bekümmert aus. Ohne ein Wort zu sagen, steigt sie wieder in den Aufzug.

Am Mittwoch, nachdem er das Horoskop in der «Illustrierten Sonn-

30 tagswelt» noch einmal gründlich studiert hat, holt Georg seine Ausrüstung aus der Hausbar und macht sich auf den Weg zur Garage. ▷

Oroscopo per i nati sotto il segno del Leone[1]

Quello che[2] manca[3] al suo amico Vitus è la fiducia in se stesso. Per questo Georg, già da parecchio tempo, ce l'ha un po' con lui[4].
Dopo averci riflettuto[5], attività mentale che gli è costata non poca fatica[6], Georg è deciso a fare da solo il colpo[7] alla Cassa di Risparmio di Tuffenfeld. Dopo tutto[8] c'è anche un vantaggio. Non dover[9] dividere[10] il   5
bottino.
L'equipaggiamento[11] è pronto nel mobile bar[12]: maschera da scimmia, giacca a vento nera, guanti, pistola, sacco di plastica. E addirittura[13] il bigliettino[14] con scritto[15]: «Questa è una rapina. Fuori i soldi[16].»
A Georg non resta che[17] decidere[18] la data[19].   10
«Che ne diresti[20] di un mercoledì?» dice Luise, sua moglie.
«Perché, pensavo[21], sei nato di[22] mercoledì. E poi, mercoledì è un giorno[23] che passa inosservato[24].»
L'oroscopo della settimana nel giornale «Illustrierte Sonntagswelt» dà ragione a Luise. Per mercoledì prossimo[25] si prevedono per tutti i nati   15
sotto il segno del Leone ottima forma e fortuna in affari[26].
«Ordinala domani, la corona[27], Luise» dice Georg. «Rami di abete e rose di carta[28].»
«Con il fiocco?» chiede lei[29].
«Troppo caro» dice lui. «Senza fiocco e senza Vitus. Stavolta[30] lui[31] non   20
suona con me. Sarà un assolo[32].»
Luise sa per quale motivo a Georg occorre[33] la corona[34]. Metterà la corona[35] sul bagagliaio[36] della macchina che userà per scappare[37], così bene[38] che alcuni rami di abete copriranno[39] la targa[40].
Martedì, alle nove e quaranta, Georg parcheggia un'auto a noleggio della[41] ditta Weinkolb nell'angolo più nascosto[42] di un garage sotterraneo.   25
Alle dieci arriva[43] Luise con la corona. Ha l'aria preoccupata[44]. Senza dire una parola risale nell'ascensore[45]. Mercoledì, dopo aver studiato ancora una volta attentamente[46] l'oroscopo nella «Illustrierte Sonntagswelt», Georg tira fuori il suo equipaggiamento dal mobile bar e si   30
avvia[47] verso il garage. ▷

Luise schließt leise die Wohnungstür hinter ihm und stürzt ans Telefon. «Vitus, kann ich zu euch kommen? Ist mir ja peinlich, aber ich halt es nicht aus so allein. Georg fährt jetzt nach Tuffenfeld – du weißt schon, warum – und weil er glaubt, daß dir die Sache zu riskant ist – »

«Menschenskind», schreit Vitus, «ist er übergeschnappt? Bei *dem* Horoskop?»

Vera Ferra-Mikura

---

1. Osservazioni sul testo

Il racconto è un breve saggio dello stile di Vera Ferra-Mikura: preciso, chiaro, tutto teso a creare un'atmosfera di quotidiana normalità in cui inaspettatamente si inseriscono elementi fantastici, bizzarri e talora macabri, con un finale sempre sorprendente. Il brano, che si compone di frasi brevi e semplici, presenta un lessico caratterizzato da espressioni colloquiali ed idiomatiche ricorrenti soprattutto nei dialoghi.

2. Consigli per la traduzione

Consultare con particolare attenzione il vocabolario monolingue e immedesimarsi nella situazione di un dialogo quotidiano per rendere efficacemente le caratteristiche della lingua parlata. Nel brano ricorrono vari tipi di complemento di tempo: li si analizzi bene prima di tradurli.

Nel testo italiano si è precisato che la *Illustrierte Sonntagswelt* è un giornale. Ma oltre a questo termine generico ne esistono altri che indicano più precisamente i vari tipi di giornale a seconda della periodicità e del contenuto: quotidiano, settimanale, mensile, rivista, rotocalco. Controllare il significato di ciascuno di questi termini nel vocabolario monolingue.

Luise, senza far rumore, chiude la porta[48] di casa[49] dietro di lui e si precipita[50] al telefono.

«Vitus, posso venire da voi? Mi sento imbarazzata[51] a chiedervelo[52], ma così da sola non ce la faccio[53]. Georg sta andando[54] a Tuffenfeld – il [35] motivo lo sai[55] – e siccome[56] crede[57] che per te la faccenda[58] sia troppo rischiosa[59] ...»

«Oddio[60]», grida Vitus, «è impazzito?[61] Con *quell'*oroscopo[62]?»

---

3. Varianti e spiegazioni

1 V – Oroscopo del Leone

2 V – Ciò che

3 V – non ha il

4 S Tradurre qui *übelnehmen* con «prendersela (con)» non è appropriato. Il verbo «prendersela (con)» significa infatti essere offeso con qualcuno e sfogare la propria ira su di lui. Questo, chiaramente, non è il nostro caso: Georg è sì arrabbiato con Vitus, ma non si sfoga su di lui.

5 V – pensato

 S riflettuto
 Il verbo «riflettere» ha due forme di participio passato: «rifletttuto» e «riflesso»; il primo si usa quando «riflettere» è sinonimo di «pensare», mentre il secondo quando «riflettere» significa «rinviare», «rimandare» secondo le leggi della fisica.

 Es: – una decisione poco riflettuta
  – non ho riflettuto a sufficienza
  – energia riflessa
  – immagine riflessa nello specchio

6 V – Dopo averci pensato e ripensato con non poca fatica
– Dopo una faticosa operazione mentale

7 V – l'assalto

8 V – Del resto

9 V – Non deve

10 V – spartire

11 V – Ciò che gli serve/occorre

S *Ausstattung* = dotazione, equipaggiamento

dotazione:
mezzi e materiali assegnati a uffici, enti, organizzazioni militari e civili per svolgere una determinata attività
Es: – L'Università ha avuto in dotazione un altro computer.

equipaggiamento:
materiali, attrezzi, oggetti di vestiario e di sussistenza necessari per una determinata impresa o attività
Es: – Ad un controllo della vigilanza costiera l'equipaggiamento prescritto della barca risultò incompleto.
Nel nostro caso il termine appropriato è «equipaggiamento».

12 S Proponiamo i due punti che assolvono qui ad una delle loro funzioni classiche, quella di introdurre un elenco. (Per l'uso dei due punti, vedi *Caro M.*, n. 37, p. 158)

13 V – perfino

14 V – cartoncino

15 V – con la frase/le parole

16 S *Geld* = denaro/i, soldi/o, quattrini/o
Per indicare una certa quantità di denaro il termine di gran lunga più usato è «soldi», seguono poi «denari» e «quattrini», mentre il singolare «denaro» si trova prevalentemente nel linguaggio eco-

nomico. «Soldo/i, denaro/i, quattrino/i» ricorrono tutti in espressioni idiomatiche e proverbiali come:
«non valere un soldo» (non valere niente)
«il denaro non fa la felicità»
«restare senza il becco di un quattrino» (senza soldi)
Es: – Ci vogliono tanti soldi/denari/quattrini per mantenere quel tenore di vita.
  – Negli ultimi tempi il costo del denaro è cresciuto notevolmente.
  – Dopo l'avventura con quella bella bionda è restato senza il becco di un quattrino.

17 V – Georg deve solo/A Georg resta solo da

18 V – stabilire/fissare

19 V – quando.

20 V – «Andrebbe bene un/ «Che ne pensi di un

21 V – «Lo dico perché sei

S Si ricordino alcuni dei modi di tradurre *meinen*:

er meint nur so	dice tanto per dire
meinen sie das ernst?	dicono sul serio/veramente?
das sollte ich doch meinen	credo proprio di sì
was meint ihr damit?	cosa intendete dire?
was meinst du dazu?	cosa ne pensi/dici?

22 V – proprio un

23 S *Tag* = giorno, giornata
i sette giorni della settimana
cinque giorni fa
il giorno di Natale
giorno feriale, giorno festivo
ventimila lire al giorno
il giorno di San Valentino

una bella giornata di primavera
una giornata afosa
la giornata della Croce Rossa
giornata lavorativa

Si ricordi il peggiorativo «giornataccia» per giornata sfavorevole:
– Ieri non me ne è andata dritta neanche una: che giornataccia!

24 V – che non dà tanto nell'occhio.»/che non attira l'attenzione.»

25 V – Per il prossimo mercoledì

S La preposizione «per» introduce qui un *complemento di tempo determinato* che si riferisce ad un'azione futura:
– Per domenica prossima abbiamo organizzato un pic-nic.
– La galleria sarà ultimata per la fine dell'anno.

26 S fortuna in affari
È questa la formula che ricorre negli oroscopi per indicare un andamento favorevole delle finanze personali.

27 S Si potrebbe anche dire: «Ordina domani la corona»; ma la frase del testo «Ordinala domani la corona», acquista maggiore incisività grazie alla presenza del pronome enclitico:
Es: – Leggilo con attenzione questo libro!
   – Aprila subito la lettera!

28 S Per il complemento di materia, vedi *Nel tardo autunno del '41*, n. 5, p. 47

29 S Si noti che nelle frasi che si trovano all'interno o alla fine di un discorso diretto il verbo viene posto, nella maggior parte dei casi, prima del soggetto, sia esso pronome o nome.

30 V – Questa volta

31 S I pronomi di terza persona «lui, lei, loro» – originariamente solo pronomi indiretti – sono oggi più frequenti, nel linguaggio colloquiale, rispetto ai pronomi soggetto «egli, ella, essi» usati piuttosto nella lingua letteraria, dove peraltro stanno perdendo terreno.

32 V – a solo.»

33 V – serve

34 V – per quale motivo **Georg ha bisogno della corona.**

35 V – La metterà

36 S Nella lingua corrente «bagagliaio» e «cofano del bagagliaio» vengono sostituiti impropriamente dal termine «portabagagli» che è l'arnese metallico, applicato all'auto, per trasportare valigie e pacchi.

37 V – che userà per la fuga
    – con/su cui fuggirà
    – che gli servirà per scappare

38 V – avendo l'accortezza ... coprano

39 V – nasconderanno

40 V – **con tale abilità che** alcuni rami ... la targa

41 V – presa a noleggio dalla

42 S In questo caso *letzt* non può essere tradotto con «ultimo».

43 S Non è possibile tradurre *Luise kommt* con «Luise viene» in quanto il narratore, trovandosi al di fuori della scena descritta, può esprimere solo con «arrivare» il movimento che non lo coinvolge, di cui è solo spettatore, quello di avvicinamento di Luise a Georg.

44 V – Sembra preoccupata.

45 V – riprende l'ascensore.

46 V – a fondo/per bene

47 V – s'incammina

48 V – Luise chiude piano la porta
– Luise, chiusa senza far rumore la porta … lui,

49 S Nella lingua parlata «casa» si usa per indicare indifferentemente tutti i tipi di abitazione, per esempio un appartamento, una villa, un miniappartamento, una mansarda.

50 V – corre

51 V – Sono in imbarazzo, ma

52 S Con la frase «a chiedervelo» la traduzione proposta nel testo sottolinea il motivo dell'imbarazzo.

53 V – non resisto.

S non ce la faccio
Ricordiamo altre espressioni idiomatiche nelle quali ricorre la particella «ci»:
– Ci vuol (occorre) tanta pazienza per convincerla, testarda com'è.
– Ludovico non ci vede (non vede) bene con quegli occhiali.
– Ogni volta che si tratta di scroccare una pizza, Fabio ci sta. (accetta, è d'accordo)
– Quello che dici non c'entra niente. (non ha niente a che fare)

54 S Tradurre «Georg adesso va» non sarebbe corretto; significherebbe infatti che Georg non ha ancora iniziato il viaggio, mentre dal testo si sa che è già sceso in garage e quindi si può supporre che sia già partito per Tuffenfeld.

55 V – tu sai bene perché

56 V – poiché

57 V – pensa

58 V – la cosa

59 V – pericolosa

60 V – «Accidenti!

S oddio
Per questa interiezione la grafia unita (oh Dio → oddio) è divenuta ormai la più frequente, fino a costituire una nuova parola, nella quale più che il significato di invocazione alla divinità è preminente quello di pura esclamazione.

61 V – «gli ha dato di volta il cervello?

62 V – Con *quel che dice* l'oroscopo?»

5 Im Spätherbst einundvierzig ...

Im Spätherbst einundvierzig — Sondermeldungen über Erfolge im Osten blieben aus — konnte das Conradinum schon auf zweiundzwanzig gefallene Conradiner hinweisen. Die Marmortafel mit den Namen, Daten und Diensträngen hing im Hauptportal zwischen Schopenhauer und Kopernikus. Unter den Gefallenen gab es einen Ritterkreuzträger. Zwei Ritterkreuzträger lebten noch und besuchten, wenn sie Urlaub hatten, regelmäßig ihre alte Schule. Manchmal hielten sie in der Aula knappe oder weitschweifige Vorträge. Wir saßen angenagelt und die Lehrer nickten zustimmend. Nach den Vorträgen durften Fragen gestellt werden. Die Schüler wollten wissen, wie viele Spitfire man abschießen, wieviel Bruttoregistertonnen man versenken müsse. Denn wir waren alle darauf aus, später einmal das Ritterkreuz zu bekommen. Die Lehrer stellten entweder sachliche Fragen — ob es immer mit dem Nachschub klappe — oder sie gefielen sich in starken Sätzen und sprachen vom Durchhalten und vom Endsieg. Studienrat Oswald Brunies fragte einen Ritterkreuzträger — ich glaub, es war der von der Luftwaffe — was ihm durch den Kopf gegangen sei, als er zum erstenmal einen toten Menschen, Freund oder Feind, gesehen habe. Die Antwort des Jagdfliegers ist mir entfallen.

Dieselbe Frage stellte Brunies dem Feldwebel Walter Matern, der, weil er nicht Ritterkreuzträger war, nur in unserer Klasse vom Katheder herunter einen Vortrag über das Thema «Einsatz der Heeresflak im Osten» halten durfte. Auch die Antwort des Feldwebels mit den Eisernen Kreuzen erster und zweiter Klasse habe ich vergessen. Ich sehe nur, daß er feldgrau, hager und bullig zugleich, mit beiden Händen den Pultdeckel klammert, über uns hinwegstarrt und mit seinem Blick einen Öldruck an der Rückwand des Klassenzimmers meint: die spinatgrüne Thoma-Landschaft. Wo er atmet, wird die Luft dünn. Wir wollen etwas vom Kaukasus wissen, doch er spricht unentwegt über das Nichts.

Günter Grass

Nel tardo autunno del '41 ...

Nel tardo autunno del '41 − comunicati straordinari che annunciassero vittorie[1] sul fronte orientale[2] non ne arrivavano − il Conradinum poteva già vantare ventidue caduti in guerra tra allievi ed ex allievi[3]. La lapide[4] di marmo[5] con nomi, date, gradi[6] era stata posta nell'ingresso principale, tra Schopenhauer e Copernico;[7] tra i caduti ce n'era anche uno decorato[8] con la croce di cavaliere. Altri due decorati[9] con la croce di cavaliere, invece, erano ancora in vita[10] e facevano regolarmente una visita[11] alla loro vecchia scuola quando erano in licenza. Talvolta tenevano conferenze, concise o prolisse[12], nell'aula magna. Noi stavamo inchiodati[13] alle sedie e i professori annuivano in segno di approvazione[14]. Alla fine della conferenza si potevano porre delle domande[15]. Gli alunni volevano sapere quanti Spitfire si dovessero[16] abbattere e quante tonnellate di stazza lorda occorresse[17] affondare. Tutti noi, infatti, aspiravamo a ricevere un giorno[18] la croce di cavaliere. Gli insegnanti o ponevano domande su temi concreti − se per i rifornimenti andasse[19] sempre tutto bene − o si compiacevano di frasi ad effetto[20] e parlavano di tener duro[21] e di vittoria finale. Il professore di ruolo[22] Oswald Brunies chiese ad un decorato della croce di cavaliere − credo che fosse quello dell'aeronautica[23] − che cosa gli fosse[24] passato per la testa[25] quando aveva visto per la prima volta un uomo morto, amico o nemico che fosse. La risposta del pilota di caccia l'ho dimenticata.

Brunies pose[26] la stessa domanda al maresciallo ordinario Walter Matern, che però poté tenere soltanto dalla cattedra della nostra classe − non essendo un decorato con la croce di cavaliere − una conferenza sul tema «Impiego della contraerea sul fronte orientale»[27]. Ho dimenticato anche la risposta del maresciallo con la croce di ferro di prima e seconda classe. Lo vedo soltanto[28], con l'uniforme grigioverde[29], magro[30] e tozzo[31] allo stesso tempo, che stringe[32] con tutte e due le mani la ribalta del leggio, e che guarda al di sopra delle nostre teste, con lo sguardo fisso, un'oleografia[33] sulla parete[34] in fondo all'aula: il paesaggio verde scuro[35] di Thoma. Dove lui respira, l'aria si fa rarefatta[36]. Noi vogliamo sapere qualcosa del Caucaso, ma lui parla imperterrito[37] sul Nulla[38].

1. Osservazioni sul testo

Il testo, tratto dal Secondo Libro *(Liebesbriefe)* di uno dei romanzi più famosi di Günter Grass, ci offre uno squarcio di una giornata in una scuola tedesca durante la Seconda Guerra Mondiale.

I periodi del brano si articolano in una serie di proposizioni secondarie, costituite in gran parte da interrogative indirette.

Il lessico si concentra su due mondi, quello della scuola e quello della guerra, presentando termini ora comuni, ora rari e tecnici.

2. Consigli per la traduzione

Una volta isolati i termini chiave, distinguendo quelli che appartengono all'ambito semantico della scuola da quelli attinenti alla guerra, si trovino gli equivalenti in italiano.

Si passi poi alla traduzione globale; in questa fase si dovrà prestare attenzione, per alcune proposizioni secondarie, alla scelta del modo conveniente (congiuntivo o indicativo). Qualora poi siano possibili ambedue i modi, si rifletta sui diversi esiti stilistici che l'uso dell'uno o dell'altro modo comporta, tenendo sempre presente che si sta traducendo un brano letterario.

3. Varianti e spiegazioni

1 V – comunicati straordinari di vittorie

S La traduzione di *über Erfolge* con «riguardo a/circa/su vittorie» è senza dubbio stilisticamente debole; sono preferibili senz'altro la variante proposta e la versione del testo, che ricorre ad una frase relativa. In quest'ultima la frase relativa spiega il contenuto dei comunicati; riguardo poi al termine «vittorie», esso definisce in modo appropriato i «successi» (militari) a cui si riferisce il contesto.

2 S Comunicati straordinari che annunciassero vittorie sul fronte orientale

Il *congiuntivo* si trova nelle frasi relative che, come nel nostro caso, dipendono da una proposizione negativa; ed inoltre nelle frasi relative che esprimono un desiderio, un'esigenza o una volontà.

Es: – Desidero parlare con una persona che capisca qualcosa del sistema tributario italiano.
   – A Gianfranco occorre al più presto una colf che sappia stirare bene le camicie.
   – Eh no, questa volta voglio una macchina che consumi poco.

3 S Non esistendo un termine italiano corrispondente a quello tedesco, non si può che parlare di «allievi ed ex allievi» del Conradinum.

4 S *Tafel*
Tra i vari significati di *Tafel* ricordiamo:

tavoletta	una tavoletta di cioccolato
tavola	una tavola ben imbandita
tavola	tavola dei logaritmi
lavagna	la lavagna dell'aula di disegno

5 V – in marmo

S Il complemento di materia si esprime con le preposizioni «di» e «in»; «in» sembrerebbe suggerire di più l'idea del lavoro compiuto, del lavoro eseguito «dentro» una certa materia.

6 V – con **i nomi, le date, i gradi**

7 S Al *punto* del testo tedesco preferiamo il *punto e virgola* che segna sì una pausa abbastanza forte, ma non così marcata come quella del punto, dunque una pausa intermedia tra la virgola (vedi *Le occasioni dei piccoli,* n. 15, p. 133) e il punto stesso.
Es: La donna veniva avanti posando con prudenza il piede sulla stoppaia; quando fu più vicina ne scorsero il viso minuto, scuro. (Arbasino, p. 306)

8 V – tra i caduti c'era anche un decorato

S Si è sentita l'esigenza di aggiungere la congiunzione «anche» per completare stilisticamente la frase e rafforzare il concetto in essa espresso.

S tra i caduti ce n'era anche uno decorato
La particella pronominale «ne» ha qui valore partitivo; l'indicazione della quantità è data dal numero «uno». Ma in altri casi tale

47

indicazione può essere espressa da locuzioni avverbiali (per es: un po', un sacco, un mucchio), da avverbi (per es: abbastanza, affatto) e da pronomi (per es: molto, poco, nessuno, qualcuno, alcuni).

Es: – Mario, hai assaggiato la macedonia? Sì, me ne sono mangiata un po' guardando la televisione.
 – Basta buttar via soldi, ne abbiamo spesi abbastanza!
 – Mi piace visitare i musei degli orologi e ne ho già visti parecchi.
 – Ah, le vacanze! Quest'anno me ne sono prese troppo poche.

Come si può notare dagli esempi, sia in presenza dell'ausiliare «avere», sia in presenza dell'ausiliare «essere», si preferisce concordare il *participio passato* in genere e numero con l'oggetto cui si riferisce il «ne». È comunque ammessa la concordanza del participio passato con il soggetto.

9 S «Altri» istituisce un collegamento con la frase precedente, mettendo in evidenza che oltre ad un decorato (caduto) ce ne erano ancora due (viventi).

10 V – erano ancora vivi

S Piuttosto goffa è invece la traduzione letterale «vivevano ancora», usuale solo se accompagnata da un complemento, per esempio di luogo.

11 S *besuchen* = far visita a, andare a trovare, visitare
Se l'oggetto della visita è una persona si possono usare tutti e tre i verbi (si deve però osservare che nella lingua corrente «andare a trovare» e «far visita» sono di gran lunga i più usati); nel caso, però, di città, musei, fabbriche, scuole e simili è possibile solo «visitare». Nella traduzione ricorriamo a «far visita» – riferito a «scuola» – in quanto «scuola» rimanda non tanto all'edificio in sé, quanto alle persone che vi vivono e vi operano. «Visitare», inoltre, è usato per indicare la visita medica.

Es: – Oggi vado a trovare mia cugina Gigliola di malavoglia, è così pettegola.
 – Il primo giovedì del mese la signora Di Carlo va a visitare i carcerati.
 – Avrei fatto di tutto per riuscire a far visita a quel vecchio amico.

- Quel giorno visitammo gli Uffizi discutendo continuamente.
- É difficile ottenere un appuntamento da quello specialista, visita solo al martedì.

12 V – brevi o verbose/stringate o lunghe

13 V – Noi eravamo come inchiodati

14 S Una traduzione con un gerundio o con un participio presente non è possibile.
Solo se il gerundio fosse seguito da un oggetto, potremmo dire:
- I professori annuivano approvando le parole dei decorati.

15 V – **Dopo le conferenze** si potevano **fare** delle domande.

S Considerando che le domande vengono poste alla fine di ogni singola conferenza, abbiamo preferito, per lo stile, il singolare del termine «conferenza».

S *Frage* = domanda; problema, questione
Non si confonda «domanda», che è l'atto del chiedere per ottenere una risposta, con «problema/questione», che indicano qualcosa di difficile da risolvere o da attuare, qualcosa che genera incertezza o preoccupazione.
Es: – Scusi, mi può ripetere la domanda, non l'ho capita bene.
- La questione meridionale sorse subito dopo l'Unità.
- I problemi del settore tessile sono stati brillantemente superati.

16 V – si dovevano

17 V – occorreva

18 S Le varianti che si possono prendere in considerazione: «in seguito», «in futuro», «più avanti» e simili non appaiono altrettanto efficaci rispetto alla vaghezza dell'espressione tedesca.

19 V – andava

S Riguardo all'uso di congiuntivo/indicativo, anche per le varianti 16 e 17, vedi n. 24 di questo testo.

20 V − espressioni altisonanti

S La traduzione letterale con «forti», aggettivo che in italiano spesso è usato con riferimento a parole, frasi nel significato di «volgari», qui può indurre ad equivocare.

21 V − resistere

22 S *Studienrat* corrisponde al «professore di ruolo» nella scuola media superiore. La terminologia italiana relativa alla categoria degli insegnanti è piuttosto semplice. Per tutti, a partire dalla scuola media inferiore, si ricorre all'appellativo di professore. Una distinzione più precisa dal punto di vista burocratico è quella fra «docenti di ruolo» (ossia assunti a tempo indeterminato alle dipendenze dello Stato mediante concorso pubblico), «docenti incaricati» (assunti per un anno) e «docenti supplenti» (assunti per sostituire docenti di ruolo e incaricati). Supplenti e incaricati vengono spesso raggruppati nel linguaggio scolastico e giornalistico sotto l'etichetta di «precari».

23 V − dell'aviazione

24 V − era

S La possibilità di usare anche il modo *indicativo* qui e nelle frasi precedenti, è spiegata dal fatto che nella lingua parlata e scritta si riscontra una tendenza alla semplificazione per cui l'*indicativo* guadagna sempre più terreno ai danni del *congiuntivo*. Abbiamo però preferito il *congiuntivo*, perché ci sembra giusto che preziose sfumature vive nella lingua siano ancora rispettate.

I casi sottoelencati sembrano, allo stato attuale della lingua, costituire il punto di maggior resistenza del *congiuntivo*, che si trova:

a) *con i verbi che indicano desiderio, speranza, permesso, opinione, dubbio, ordine e interdizione*
   Es: − La zia vorrebbe che Licia l'accompagnasse dall'avvocato.
   − ... le carezzava la nuca, sperando che fosse la cosa giusta, ... (Fruttero & Lucentini, p. 35)
   − Permette che fumi?
   − Ho spesso pensato che P. fosse nel suo profondo un selvaggio, un cacciatore; ... (Levi, p. 32)
   − ... credette volessero un passaggio, aprì lo sportello. (Sciascia, p. 25)

– Dubito che quest'abito possa piacere a Virginia.
– Esigo che scriviate un rapporto dettagliato su quanto è successo.
– Nessuno può proibire che i tifosi seguano la squadra del cuore in trasferta.

b) *con le espressioni impersonali*
   Es: – Il cronista, è bene lo si sappia subito, è sì un uomo sensibile ai problemi del tempo, ... (Bettiza, p. 17)
   – Bisogna che leggiate questa lettera entro oggi.
   – ... più mi sembrava che ci fosse dappertutto una inconsueta animazione. (Buzzati, p. 256)
   – Non vale la pena che Antonio cerchi di convincerci con le sue storie.
   N. B.: Con «è noto/è certo/è vero/è sicuro» si usa l'indicativo.

c) *con gli aggettivi e i pronomi indefiniti*
   Es: «Vorrei solo dirti che, qualsiasi cosa accada, tu resti per me ...» (Fruttero & Lucentini, p. 103)
   – È impossibile passare delle vacanze tranquille a Ferragosto: ovunque si vada c'è tanta confusione.

d) *nel caso di una proposizione giustapposta alla reggente senza congiunzione*
   Es: – Oggi si lavora, vi piaccia o no.
   – Arriveremo fino in fondo, costi quel che costi.

e) *con le congiunzioni*
   concessive: sebbene, benché, malgrado, quantunque, perquanto, nonostante
   modali: come se (solo imperfetto o trapassato), comunque, quasi(che), in qualsiasi modo
   condizionali: a patto che, a condizione che, qualora, purché (presente o imperfetto), se, nel caso che, posto che, a meno che, sempre che
   temporali: prima che, appena/non appena, finché/finché non

   NB.: Con «appena/non appena», «finché/finché non» si usa spesso l'indicativo. (Riguardo ad «appena», vedi *Il controllore,* n. 3, p. 102)

Ma vi sono casi in cui è ammesso, accanto al *congiuntivo*, anche l'*indicativo.* Ecco i più comuni:

a) *con i verbi sapere e dire nelle forme interrogative e negative*
   Es: − «Ecco che non si sa chi sia morto prima, se l'uccello o l'uomo, e chi si sia buttato sull'altro per sbranarlo», disse Curzio. (Calvino, p. 10)
   − «Io? Io non so più neppure cosa vuol dire scalpitare», disse Silvestro. (Scerbanenco, p. 82)
   − Non dico che non sia/è legittimo protestare, ma non lo ritengo opportuno.

b) *nel caso delle interrogative indirette*
   Es: − ... ed ecco io mi chiedevo quale affanno potesse essere giunto, per mezzo di quell'uomo, ... (Buzzati, p. 255)
   − ... e domandarono ancora se voleva pentirsi. (Eco, p. 239)

c) *nel caso di espressioni comparative e superlative*
   Es: − Marino è il miglior pilota che abbia/ha partecipato a questo rally.
   − Questo viaggio è meno avventuroso di quanto sembrasse/sembrava.

d) *nel caso di una proposizione introdotta da «che» quando precede il verbo reggente invece di seguirlo*
   Es: −Che Luca fosse/era un mascalzone lo sapevo, ma non avrei mai immaginato che giungesse a tanto.

25 V − per la mente

26 V − fece

27 V − che però poté tenere una conferenza sul tema «Impiego della contraerea sul fronte orientale» soltanto dalla cattedra della nostra classe, poiché non era un decorato con la croce di cavaliere.

28 S Si è scartata la traduzione letterale preferendo introdurre il pronome accusativo «lo» per evidenziare come la figura del maresciallo si trovi al centro del ricordo, come indicano i successivi aggettivi che lo descrivono.

29 V − in divisa/in grigioverde

S Nel nostro testo non è possibile tradurre alla lettera *ich sehe nur, daß er feldgrau ... den Pultdeckel klammert* con «lo vedo soltanto grigioverde che stringe la ribalta del leggio»; l'aggettivo «grigioverde» sembrerebbe riferirsi al colore della pelle e non a quello dell'abito (la divisa) del maresciallo.

30 V − secco

31 V − massiccio

32 V − **stringere/mentre stringe/nell'atto di stringere**
E di conseguenza il «che guarda» della riga seguente si tradurrà:
− **guardare/mentre guarda/nell'atto di guardare**

33 V − che punta gli occhi al di sopra delle nostre teste e fissa un'oleografia
− e che fissa lo sguardo, al di sopra delle nostre teste, su un'oleografia
− e che dirige lo sguardo oltre le nostre teste puntandolo su un'oleografia

34 S Qui «parete» è preferibile a «muro»; «la parete» infatti divide gli ambienti interni, mentre «il muro» costituisce l'ossatura esterna di un edificio.

35 S *spinatgrün*
La combinazione «verde spinaci» non è usuale in italiano. Per definire il colore «verde» nelle sue tante gradazioni, chiare e scure, troviamo tra l'altro:

verde bottiglia	verde muschio
verde bosco	verde oliva
verde pisello	verde bandiera
verde smeraldo	verde mare

Si ricordi che al plurale gli aggettivi combinati con un sostantivo o con un altro aggettivo del tipo «chiaro/scuro/cupo» restano invariati.

36 V − si fa sottile.

37 V − imperturbabile/senza scomporsi

38 S *über das Nichts* = sul Nulla
Poiché in questo contesto il termine «nulla» assume un rilievo filosofico anche se chiaramente ironico, si usa la lettera maiuscola come spesso nel caso delle personificazioni: L'Amore, la Libertà, la Giustizia.

6 Das Schlagerspiel

Als er erwachte, kam ihm zum Bewußtsein, daß es mit leiser Monotonie gegen die Jalousie trommelte: Regen. Der Regen, den die Wetterfrösche gestern abend angekündigt hatten. Einige Zeit hörte er zu.

So ein Sauwetter ausgerechnet heute, dachte er. Seit Tagen freute er sich
5 auf das Schlagerspiel zwischen dem heimischen FC und Rot-Weiß. Ein Kampf der beiden Spitzenmannschaften. Rot-Weiß hatte einen Punkt Vorsprung, bei einem Sieg konnte der FC die Tabellenführung übernehmen.

Es war dunkel im Zimmer; er horchte zu dem Bett seiner Frau hinüber.
10 Nichts rührte sich. Er knipste sein Nachttischlämpchen an: Das Bett war leer. Er warf einen Blick auf den Wecker: Zehn Uhr schon; seine Frau war längst aufgestanden. Thomas, der im zweiten Jahr aufs Gymnasium ging, hatte samstags noch Schule.

Ärgerlich erhob er sich und zog die Jalousie hoch: Eine dicke Wolken-
15 decke, trübes Grau, das aufs Gemüt schlug.

Wie oft, wenn man in der Fabrik hockt, ist der Himmel blau wie gemalt, dachte er. Aber der eine Tag in der Woche, an dem man was vorhat ...

Seine Frau öffnete die Tür und kam ins Zimmer.

«Schon wach?» sagte sie.
20 «Viel zu früh», erwiderte er, «bei dem Wetter ...»

«In zwanzig Minuten hat Thomas die Schule aus!»

Er schwieg. Sie öffnete das Fenster und legte die Betten aus.

«Ich dachte, du hättest Thomas mit dem Auto abgeholt», sagte sie.

«Man hätte mir ja ein Wort sagen können», antwortete er.
25 «Wenn du so lange schläfst ...»

Er sagte nichts. Sie ging hinaus. Einige Zeit blieb er am Fenster stehen und dachte an das Spiel. Der tiefe Rasen ... Der glitschige Ball ... Gekonnte Kombinationen, technische Bravourstückchen würden unmöglich sein.
30 Im Wohnzimmer stellte seine Frau den Staubsauger an.

Sehr rücksichtsvoll, daß sie damit gewartet hat, bis ich ausgeschlafen habe, dachte er. Eigentlich schäbig von mir, daß ich ihr bei der Hausarbeit nicht helfe. Sie hockt doch auch von montags bis freitags in der Fabrik.

Rudolf Schlabach

La partitissima

Quando si svegliò[1], si rese conto che qualcosa[2] tamburellava[3] con legge-ra monotonia sulla persiana[4]: era pioggia[5]. La pioggia che i meteorolo-gi[6] avevano annunciato ieri sera. Per un po'[7] restò[8] in ascolto[9].
Che tempo schifoso[10] proprio oggi, pensò. Erano giorni[11] che aspetta-va[12] con impazienza[13] la partitissima tra la squadra di calcio[14] locale e i biancorossi[15]. Una lotta tra[16] le due squadre in testa alla classifica[17]. I biancorossi avevano un punto di vantaggio[18], in caso di vittoria[19] la squadra locale poteva passare al comando della classifica[20].
Nella stanza era buio; tese l'orecchio verso il letto di sua moglie. Nessun rumore[21]. Accese la lampadina[22] sul comodino: il letto era vuoto. Get-tò[23] uno sguardo[24] alla sveglia: già le dieci; sua moglie si era alzata da un pezzo[25]. Thomas, che frequentava il secondo anno del liceo[26], aveva scuola[27] anche di sabato[28].
Si alzò di malumore[29] e tirò su la persiana: una spessa coltre di nuvole, un grigio cupo che pesava sul morale[30]. Quante volte mentre[31] si sta chiusi[32] in fabbrica, il cielo è azzurro come dipinto, pensò. Ma proprio quel giorno della settimana in cui si[33] ha qualcosa in programma ...[34]
Sua moglie aprì la porta ed entrò in camera[35].
«Già sveglio?» disse.
«Anche troppo presto[36]», rispose lui, «con un tempo così ...[37]»
«Tra venti minuti[38] Thomas esce da scuola.»
Lui tacque[39]. Lei aprì la finestra e disfece i letti.
«Pensavo che saresti andato a prendere[40] Thomas con la macchina», disse lei.
«Mi si poteva[41] anche dire qualcosa[42]», rispose lui.
«Se dormi tanto ...[43]»
Lui non disse niente. Lei uscì. Lui rimase[44] per un po'[45] alla finestra pen-sando[46] alla partita. Il fondo pesante ... il pallone scivoloso ... abili combinazioni e prodezze tecniche sarebbero state impossibili.
Sua moglie accese l'aspirapolvere in[47] soggiorno.
È stata piena di riguardo[48] ad aspettare per non svegliarmi[49], pensò. Che vigliaccata non[50] aiutarla in casa. Anche lei del resto[51] se ne sta chiusa[52] in fabbrica dal lunedì al venerdì.

1. Osservazioni sul testo

Nel brano, di cui è autore Rudolf Schlabach, scrittore per passione, si alternano discorso indiretto libero, dialogo e narrazione; il testo presenta, attraverso un linguaggio e una sintassi solo in qualche punto più impegnativi, momenti di vita quotidiana di una famiglia operaia. Un'altra caratteristica sono gli esempi di linguaggio settoriale: il pensiero della partita di calcio, tanto importante per il protagonista, ritorna continuamente.

2. Consigli per la traduzione

Per un approccio più consapevole al testo, sarebbe opportuno individuare, nell'analisi che precede la traduzione, le parti di cui si compone il racconto (discorso indiretto libero, dialogo e narrazione).
Si cerchino e si mettano in evidenza le numerose preposizioni di tempo e di luogo individuando la traduzione di volta in volta più opportuna.
Sarà poi stimolante mettere alla prova le proprie conoscenze in ambito calcistico o acquisire le nozioni necessarie leggendo la cronaca sportiva di un quotidiano italiano (edizione del lunedì) o addirittura *La Gazzetta dello Sport,* dalle inconfondibili pagine rosa.

3. Varianti e spiegazioni

1 V – Svegliandosi

2 S In questo caso in italiano non è possibile la costruzione impersonale; *es,* soggetto di *trommeln,* è stato reso quindi con «qualcosa».

3 V – **batteva ... contro la** persiana

4 S persiana
Per definire lo stesso oggetto esistono anche altre parole che variano da regione a regione: «persiana avvolgibile, avvolgibile, tapparella».

Lo stesso accade per altri oggetti o ambienti della casa, come:

scuri	balcone	lavandino
scuretti	terrazza	acquaio
imposte	terrazzo	secchiaio
gelosia	poggiolo	lavabo
		lavello
		scafa
		sciacquatore

5 V – che qualcosa tamburellava **sulla persiana con leggera monotonia: (la) pioggia.**

6 S Non esistendo in italiano un equivalente scherzoso di *Wetterfrösche,* si traduce con un termine neutro, «meteorologi».

7 V – Restò un po'

8 V – rimase

9 V – ad ascoltare.

10 V – Che tempo da cani/Che schifo di tempo/Che tempaccio

 S *Sauwetter* può essere tradotto anche con l'espressione «tempo da lupi» che qui non ci sembra appropriata, in quanto essa indica più un tempo burrascoso e freddo (spesso con neve) piuttosto che un tempo piovoso.

11 V – Da giorni aspettava

12 V – Erano giorni che **non vedeva l'ora che si giocasse** la partitissima

 S *sich freuen auf*
 Per rendere in italiano l'idea di futuro espressa dalla preposizione *auf,* è consigliabile tradurre *sich freuen* con «non vedere l'ora, aspettare con ansia/con impazienza»
 Es: – *Die Vorlesungen haben erst vor drei Wochen begonnen, und schon freut er sich auf das Semesterende.*
   – Le lezioni sono cominciate da appena tre settimane e lui non vede l'ora che finisca il semestre.

Sich freuen über, invece, può essere tradotto con «essere contento, far piacere» (o meno frequentemente «rallegrarsi»)
Es: − *Wir haben uns über diese Nachricht sehr gefreut.*
  − Questa notizia ci ha fatto molto piacere.
  − Siamo stati molto contenti di questa notizia.

13 V − con ansia

14 S In Italia non è così frequente anteporre al nome della squadra la denominazione «Associazione calcio» e simili, per lo meno nell'uso comune. Si è pensato allora di rendere *heimischer FC* con «squadra di calcio locale».

15 S i biancorossi
Si osservi che *Rot-Weiß* in italiano viene reso con un plurale, «i biancorossi», perché ci si riferisce ai giocatori che portano la maglia con questi colori. Riguardo alla combinazione dei due aggettivi di colore, vedi *La Repubblica in miniatura di San Marino,* n. 42, p. 118

16 S fra/tra
Oltre al *complemento di relazione* − e questo è il nostro caso − la preposizione «fra/tra» introduce:
a) *il complemento di luogo*
  Es: − Fra/tra le pagine di un libro ho trovato una mia vecchia fotografia.
b) *il complemento di tempo*
  Es: − L'estate inizierà fra/tra due mesi.
c) *il complemento di distanza*
  Es: − Troverete la Standa fra/tra circa cento metri.
d) *il complemento partitivo*
  Es: − Fra/tra tutti i gatti che ho avuto il più pigro era Fifì.
e) *il complemento di causa*
  Es: − Fra le lezioni d'inglese e la scuola, quel povero bambino non ha un attimo di tempo per giocare.

17 V − che guidavano la classifica.

18 V − erano in vantaggio di un punto

19 V − con una vittoria/nel caso di una vittoria

20 V – poteva **diventare capolista.**

21 V – Non si muoveva niente.

22 V – l'abat-jour
Per altri prestiti dal francese, vedi *Non so esattamente,* n. 24, p. 125

23 V – diede

24 V – un'occhiata

25 V – da molto (tempo).

26 V – la seconda liceo

S *Gymnasium = Liceo*
In Italia il *Gymnasium* corrisponde al «Liceo», che dura cinque anni e che ha vari indirizzi: «classico, scientifico, linguistico, artistico». Si parla di «Ginnasio» – quarta e quinta – solo per indicare i primi due anni del «Liceo classico» (quarta e quinta Ginnasio), mentre i rimanenti si chiamano prima, seconda e terza liceo. La denominazione «quarta, quinta» è un residuo del vecchio ordinamento scolastico, che prevedeva dopo le scuole elementari tre anni, una prima, seconda, terza ginnasio (oggi Scuola media inferiore) e una quarta e quinta di collegamento al «Liceo classico».

27 V – andava a scuola

28 V – il sabato.

29 V – di cattivo umore/arrabbiato.

30 V – che si ripercuoteva sul morale/che influiva sull'umore.

31 V – quando

32 V – uno se ne sta chiuso

33 V – uno

34 V – vuol far qualcosa . . .

35 V – nella stanza.

S *Zimmer* = camera, stanza
«Stanza» indica un ambiente destinato sia ad abitazione che ad uso professionale, mentre «camera» solo quello destinato ad abitazione; «camera» inoltre per antonomasia è la «camera da letto».

stanza da pranzo	camera da pranzo
stanza da letto	camera da letto
stanza degli ospiti	camera degli ospiti
stanza ammobiliata	camera ammobiliata
stanza d'albergo	camera d'albergo
stanza di lavoro	
stanza del direttore	
stanza della segretaria	

36 V – «Fin troppo presto»

37 V – col tempo che fa ...»/con un tempo del genere ...»

38 S *in zwanzig Minuten* = tra venti minuti
in = in; tra/fra

La preposizione *in* con valore temporale corrisponde in italiano, a seconda dei diversi contesti, alle preposizioni «fra/tra» o «in».
Es: – Sono le undici, fra/tra venti minuti Thomas esce da scuola (cioè alle 11 e 20).
– Devo attraversare la città in venti minuti per essere puntuale davanti alla scuola (cioè ho 20 minuti di tempo).

39 V – non disse niente.

40 V – pensavo **che andassi** a prendere

S In una frase secondaria, dipendente da un verbo principale al passato, l'idea di futuro si rende con il *condizionale passato* o con l'*indicativo imperfetto*; quest'ultimo soprattutto nella lingua parlata, e quando il verbo della principale non esige il congiuntivo.
Es: Sapevo già che Marzio si sarebbe sposato/si sposava in chiesa.

Se però il verbo principale è un verbo che indica speranza, desiderio, timore, attesa, aspettativa − è questo il nostro caso − si può
ricorrere, oltre che al condizionale passato, anche al *congiuntivo
imperfetto*.
Es: − Temevano che sarei arrivato/arrivassi in ritardo.

41 V − sarebbe potuto

42 V − dire una parola.»

43 V − fino a tardi ...»

44 V − restò

45 V − un po'

46 V − a pensare

47 S Per l'uso della preposizione non articolata in questo caso, vedi *La
bambina grassa,* n. 35, p. 31

48 V − **Quanto riguardo/quanta delicatezza** ad aspettare

S La costruzione impersonale *sehr rücksichtsvoll, daß* ... non trova
adeguata soluzione in italiano se non ricorrendo o alla costruzione personale con il soggetto «lei», proposta nel testo, o a quella
con «riguardo» e con «delicatezza» nelle espressioni «quanto ri-
guardo/quanta delicatezza» (abbreviazioni di «quanto riguardo/
delicatezza lei ha avuto»), proposte nella variante.

49 V − che fossi sveglio

50 V − Che meschino sono a non

51 V − in fin dei conti/in fondo

52 V − lavora

7 Konsum-Terror

Als ich das Paket aufschnürte und die neue elektrische Kaffeemaschine zum Vorschein kam, sagte meine Frau:
«Das Zeug kannst du gleich wieder zurückbringen.»
«Wieso? Das Ding ist ziemlich teuer», protestierte ich.
5 «Hast du mal daran gedacht, wieviel entfremdete Arbeit in dieser Kaffeemaschine steckt?»
«Ich dachte nur, daß man damit Kaffee schneller ...»
«Hast du mal Herstellungs- und Verkaufskosten verglichen?»
«Nein.»
10 «Oder überlegt, in wessen Tasche der Surplus bleibt?»
«Nein. An all das habe ich nicht gedacht.»
«Das sieht dir ähnlich. Hast du mal von wahren und falschen Bedürfnissen gehört?»
«Doch, allerdings nur etwas flüchtig.»
15 «Glaubst du wirklich, daß wir diese Kaffeemaschine brauchen?»
«Ja, davon bin ich fest überzeugt.»
«Du lügst. Ich habe dich beobachtet. Gestern beim Werbefernsehen. Wie sie da die Bonetto-Maschine gezeigt haben. Und wie sie da bei dir ein Bedürfnis geweckt haben, das gar nicht vorhanden war.»
20 «Du willst mir was einreden.»
«Weißt du, was du bist?»
Ich blickte sie ängstlich an.
«Ein Konsument. Du läßt dich manipulieren. Du konsumierst. Kaffeemaschinen, Bücher, Theater, und mich natürlich auch.»
25 «Wir können ja in Zukunft Tee trinken», sagte ich um des lieben Friedens willen.
«Weißt du, was die Teepflücker in den Urwäldern Südamerikas verdienen?»
«Glaubst du, daß sie mehr verdienen, wenn wir keinen Tee trinken?»
30 «Nein, aber das würde sie reif zur Revolution machen. Du hingegen willst nur den Klassenantagonismus verschleiern.»
«Na schön», sagte ich, «wenn du es so siehst, dann trinken wir eben ab morgen Spinatsaft, der ist auch viel bekömmlicher.»

Wolfgang Ebert

62

Terrorismo consumistico[1]

Quando slegai[2] il pacco[3] ed apparve[4] la nuova macchina da caffè elettri-ca[5], mia moglie disse:
«Questa roba puoi portarla[6] subito[7] indietro.»
«Perché? È piuttosto cara[8]», protestai.
«Hai mai pensato a tutto il lavoro alienato che c'è[9] in questa macchina   5
da caffè[10]?»
«Pensavo solo che si potesse fare più presto a ...[11].»
«Hai confrontato i costi di produzione e di vendita[12]?»
«No.»
«O riflettuto in che tasche[13] va a finire il surplus[14]?»   10
«No, non ci ho pensato[15].»
«È proprio da te[16]. Hai mai sentito parlare[17] di veri e falsi bisogni?»
«Certo, ma solo di sfuggita[18].»
«Credi veramente che abbiamo bisogno di questa macchina da caffè[19]?»
«Oh sì, ne sono fermamente convinto[20].»   15
«Bugiardo[21]. Ti ho osservato. Ieri, mentre guardavi la pubblicità alla te-levisione, quando hanno mostrato[22] la macchina da caffè Bonetto, e[23]
hanno risvegliato[24] in te un bisogno che[25] non c'era[26].»
«Cosa stai cercando di dirmi[27]?»
«Sai cosa sei?»   20
La guardai spaventato[28].
«Un consumatore. Ti fai[29] manipolare. Consumi. Macchine da caffè, li-bri, teatro e anche me, naturalmente.»
«Possiamo bere tè, in futuro[30]», dissi per amor di pace.
«Sai quanto[31] guadagnano i raccoglitori di tè[32] nelle foreste del Sud-   25
america[33]?»
«Credi[34] che guadagnino[35] di più se noi non beviamo tè?»
«No, ma questo[36] li renderebbe maturi[37] per la rivoluzione. Tu, invece,
vuoi solo[38] nascondere[39] l'antagonismo tra le classi[40].»
«E va bene[41]», dissi, «se la pensi così[42], allora da domani beviamo suc-   30
co[43] di spinaci che è anche molto più sano[44].»

1. Osservazioni sul testo

Il testo con il suo tono spiritoso, caratteristico di Wolfgang Ebert, articolista satirico, presenta un linguaggio settoriale specifico, quello economico, in un'atmosfera piacevole e stimolante. Una moglie contesta vivacemente, con argomenti politico-economici, l'acquisto fatto dal marito che, sorpreso e spaventato, si difende come meglio può.

2. Consigli per la traduzione

Attenzione al titolo, una parola composta che rimanda a un concetto frequentemente espresso in italiano ricorrendo al solo termine «consumismo», ugualmente negativo, ma meno catastrofico; e attenzione anche alla traduzione di alcune espressioni della lingua parlata (non si dimentichi che siamo in un dialogo).
Inoltre per la resa delle altre parole composte, questione sempre un po' delicata, converrà prima scomporle ed analizzare il rapporto che lega i termini da cui sono formate.

3. Varianti e spiegazioni

1 V *Konsum-Terror* = terrorismo consumistico
Rispetto ad altre combinazioni ipotizzabili (terrorismo del consumo, terrore consumistico, terrore del consumo) «terrorismo consumistico» è l'unica combinazione che si adatta al contenuto del testo per la sua analogia con l'espressione «terrorismo psicologico».
«Terrore» non è apparso adeguato in quanto suggerisce anzitutto l'idea di provare paura piuttosto che quella di incuterla.

2 V − aprii/disfeci

S Non è possibile tradurre qui con «slacciare»; un pacco non si slaccia, si slacciano le scarpe, la camicia, la giacca, i pantaloni, la gonna e il cappotto.

3 S Abbiamo preferito tradurre con «pacco» e non con «pacchetto» pensando che l'oggetto in esso contenuto – una macchina da caffè elettrica – è di regola voluminoso e pesante. «Pacchetto» è più adatto per oggetti di dimensioni piuttosto piccole.

4 V – comparve

5 V – la nuova macchina elettrica per il caffè

S *Kaffeemaschine* = macchina da/per il caffè, caffettiera
Per «macchina da/per il caffè» si intende quella del bar o quella simile, ma di dimensioni più ridotte, per uso domestico; «caffettiera, moca, macchinetta (da caffè)» indicano invece il recipiente in cui si prepara il caffè.
La «napoletana», poi, è un tipo particolare di caffettiera usata soprattutto a Napoli. Indimenticabile la descrizione del rito della preparazione del caffè – naturalmente con una macchinetta napoletana – fatta da Pasquale all'inizio del secondo atto di *Questi fantasmi* di Edoardo De Filippo.

6 V – «Quell'arnese puoi portarlo

S Se si vuole mantenere anche in italiano l'enfatizzazione della frase ponendo il complemento oggetto all'inizio, è necessario richiamarlo poi con il pronome.

7 V – immediatamente

8 V – Il gingillo costa abbastanza/parecchio

S «Gingillo», con cui abbiamo reso *Ding*, è da leggere ovviamente in quel senso scherzoso-ironico che caratterizza il pezzo. Il termine «gingillo» indica qualcosa di piccolo e di poco prezzo, ma in senso ironico può significare esattamente l'opposto.

9 V – a quanto lavoro alienato c'è

10 S macchina da caffè, macchina per il caffè
La preposizione «da» lega spesso i corrispondenti italiani dei termini che compongono una parola tedesca indicando l'uso o la funzione di un oggetto:

Tennisschläger	racchetta da tennis
Schreibmaschine	macchina da scrivere
Nähmaschine	macchina da cucire
Sonnenbrille	occhiali da sole
Badewanne	vasca da bagno

Talvolta «per» può sostituire «da» mantenendo lo stesso rapporto tra i termini:
macchina per il caffè
macchina per scrivere
macchina per cucire

Ma, per esempio, in *Raucherabteil* (scompartimento per fumatori) e *Aktiengesellschaft* (società per azioni) «per» non può essere sostituito con «da».

11 S Volendo mantenere il senso di questa frase sospesa occorre, per le regole della costruzione italiana, aggiungere un verbo di sostegno all'avverbio *schneller* ed eliminare la parola *Kaffee*.

12 V − «Hai paragonato i costi di produzione e quelli di vendita?»
− «Hai confrontato i costi di produzione con quelli di vendita?»
− «Hai paragonato i costi di produzione a/con quelli di vendita?»

13 V − nelle tasche di chi/in quali tasche

14 V − resta/va il surplus?

15 V − «No. A tutto questo non ho pensato.»
− «No, non ho pensato a niente di tutto questo.»

S non ci ho pensato
La particella «ci» sostituisce un complemento o una proposizione retti dalle preposizioni «a/in/su».
Es: − Dicono che partiranno domani, ma io non ci credo.
  − Ho sentito che anche tu vai in centro. Ci andiamo insieme?
  − Posso contare sulla tua discrezione? Certo, puoi contarci.

16 V – «C'era proprio da aspettarselo./«Tipico.

17 S Si osservi che l'italiano in questo caso sente la necessità di aggiungere l'infinito «parlare» alla frase «hai mai sentito di veri e falsi bisogni», che altrimenti risulterebbe incompleta.

18 V – solo casualmente.»/en passant.»

19 V – «Credi proprio che di questa macchina da caffè ne abbiamo bisogno?»
– «Credi proprio che ne abbiamo bisogno, di questa macchina da caffè?»
– «Ma credi veramente che ci occorra questa macchina da caffè?»
– «Credi che ci serva proprio questa macchina da caffè?»

20 V – ne sono **più che** convinto.»

S *davon bin ich fest überzeugt* = ne sono pienamente convinto (sono pienamente convinto di ciò)
La particella «ne» sostituisce un complemento o una proposizione retti dalle preposizioni «di» o «da».
Es: – È stata fatta un'indagine sulle abitudini alimentari degli italiani; ne è risultato, tra l'altro, che il consumo di carne è maggiore di quello di pasta.
– Che brutto concerto, ne siamo rimasti proprio delusi.

21 V – «Tu menti.
– «Questa è una bugia.

22 V – hanno fatto vedere

23 V – Bonetto. Hanno risvegliato

24 V – hanno suscitato

S Non è escludibile la possibilità di tradurre *ich habe beobachtet, sie haben gezeigt, sie haben geweckt* con un imperfetto, esprimendo così la contemporaneità con «mentre guardavi». Ma è preferibile il passato prossimo, più frequente in italiano nel parlato e più vicino al testo di partenza.

25 S che non c'era

A proposito del *pronome relativo,* si osservi che tra le forme «che» (invariabile) e «il quale» (variabile), la prima è di gran lunga la più usata.

Si ricordi, inoltre, che «il quale» non si può usare quando è riferito ad un complemento oggetto, come in:
– Sono opere d'arte che nessuno vorrebbe avere in casa.
– Dove avete messo la chiave che vi ho dato?

26 V – non esisteva affatto/per niente.»

27 V – «Tu stai cercando di farmi credere qualcosa.»

28 V – preoccupato/impressionato.

29 V – lasci

30 V – «In futuro possiamo bere tè»,

S Attenzione a non cadere qui nella tentazione germanofona di tradurre con «del tè» che significherebbe solo «un po' di tè». Le bevande consumate abitualmente non sono precedute da partitivo.

31 V – cosa

32 V – guadagna chi raccoglie il tè

33 V – dell'America del Sud/sudamericane/dell'America latina?»

34 V – «Pensi

35 S che guadagnino

Per l'uso del congiuntivo, vedi *Nel tardo autunno del '41,* n. 24, p. 50

36 V – ciò

37 V – li farebbe maturare

38 V – non vuoi che

39 V − coprire

S Il sinonimo «velare», più elevato, non si combina bene con «antagonismo tra le classi» e stona un po' con il carattere del pezzo. Più frequente è il suo participio «velato»: una velata antipatia, un velato rimprovero.

40 S *Klassenantagonismus* = antagonismo tra le classi
La preposizione «tra» può legare i corrispondenti italiani dei termini che formano una parola tedesca:

Mannschaftskampf	lotta tra squadre
Städtepartnerschaft	gemellaggio tra città
Völkerverständigung	intesa tra i popoli

41 V − «Va bene/Bene/D'accordo»

42 V − in questo modo

43 S Mentre per le verdure si parla sempre di «succo», per i frutti freschi (soprattutto agrumi) «succo» indica la bibita industriale confezionata e «spremuta» la bibita ottenuta dalla spremitura istantanea del frutto fresco.

44 V − che fra l'altro è molto più sano.»

8 Eine größere Anschaffung

Eines Abends saß ich im Dorfwirtshaus vor (genauer gesagt, hinter) einem Glas Bier, als ein Mann gewöhnlichen Aussehens sich neben mich setzte und mich mit gedämpft-vertraulicher Stimme fragte, ob ich eine Lokomotive kaufen wolle. Nun ist es zwar ziemlich leicht, mir
5 etwas zu verkaufen, denn ich kann schlecht nein sagen, aber bei einer größeren Anschaffung dieser Art schien mir doch Vorsicht am Platze. Obgleich ich wenig von Lokomotiven verstehe, erkundigte ich mich nach Typ, Baujahr und Kolbenweite, um bei dem Mann den Anschein zu erwecken, als habe er es hier mit einem Experten zu tun, der nicht
10 gewillt sei, die Katze im Sack zu kaufen. Ob ich ihm wirklich diesen Eindruck vermittelte, weiß ich nicht; jedenfalls gab er bereitwillig Auskunft und zeigte mir Ansichten, die das Objekt von vorn, von hinten und von der Seite darstellten. Sie sah gut aus, diese Lokomotive, und ich bestellte sie, nachdem wir uns vorher über den Preis geeinigt hatten.
15 Denn sie war bereits gebraucht, und obgleich Lokomotiven sich bekanntlich nur sehr langsam abnützen, war ich nicht gewillt, den Katalogpreis zu zahlen.
Schon in derselben Nacht wurde die Lokomotive gebracht. Vielleicht hätte ich dieser allzu kurzfristigen Lieferung entnehmen sollen, daß
20 dem Handel etwas Anrüchiges innewohnte, aber arglos wie ich war, kam ich nicht auf die Idee. Ins Haus konnte ich die Lokomotive nicht nehmen, die Türen gestatteten es nicht, zudem wäre es wahrscheinlich unter der Last zusammengebrochen, und so mußte sie in die Garage gebracht werden, ohnehin der angemessene Platz für Fahrzeuge. Natür-
25 lich ging sie der Länge nach nur etwa halb hinein, dafür war die Höhe ausreichend; denn ich hatte in dieser Garage früher einmal meinen Fesselballon untergebracht, aber der war geplatzt.

Wolfgang Hildesheimer

70

Un acquisto[1] piuttosto grande[2]

Una sera ero seduto[3] all'osteria del paese[4] davanti (o meglio[5] dietro) ad un bicchiere di birra, quando un uomo di aspetto[6] normale si sedette accanto a me e mi chiese a voce bassa ed in tono confidenziale[7] se volessi[8] comprare[9] una locomotiva. Ora, è vero che è abbastanza facile vendermi qualcosa[10], perché mi riesce difficile dire di no[11], ma per un acquisto piuttosto grande di questo tipo mi sembrò [12] opportuna una certa prudenza[13]. Anche se[14] me ne intendo poco[15] di locomotive, mi informai sul tipo, l'anno di costruzione, la cilindrata[16], per far credere[17] a quel tale[18] di avere a che fare[19] con un esperto che non è[20] disposto a comprare ad occhi chiusi[21]. Non so se gli feci proprio questa impressione[22], comunque lui mi diede prontamente delle informazioni e mi mostrò[23] delle riproduzioni dell'oggetto[24] in questione[25] visto davanti, di dietro e di fianco[26]. Era una bella locomotiva, la ordinai; prima, però, ci accordammo[27] sul prezzo, poiché si trattava di un articolo di seconda mano[28] ed io non ero disposto a[29] pagare il prezzo di listino, sebbene, com'è noto[30], le locomotive siano soggette ad una usura[31] molto lenta[32].
La notte stessa[33] la locomotiva mi fu consegnata[34]. Forse dalla consegna troppo rapida[35] avrei dovuto dedurre che sotto l'affare ci fosse[36] qualcosa di losco[37], ma non mi venne neanche in mente, ingenuo com'ero[38]. In casa[39] la locomotiva non potevo metterla, le porte non lo consentivano[40] e poi sotto il peso l'edificio[41] sarebbe probabilmente crollato, così dovetti sistemarla in garage[42], che in ogni caso è il posto adatto[43] per i veicoli[44]. Naturalmente in lunghezza ci stava[45] solo per metà, ma in compenso l'altezza era sufficiente; in passato, infatti, avevo tenuto[46] in questo garage il mio pallone frenato[47], che però era[48] scoppiato.

1. Osservazioni sul testo

L'io narratore − uno dei tanti personaggi «assurdi» di Hildesheimer − racconta di un suo acquisto un po' speciale, assurdo come lui, si potrebbe dire. Colpisce il contrasto tra il contenuto vagamente surreale e la sintassi lucida e articolata. Per quanto riguarda la grammatica, il testo fornisce un ricco campionario di preposizioni, mentre il lessico si compone, a parte poche eccezioni, di termini comuni.

2. Consigli per la traduzione

Si riconoscano e si classifichino le varie proposizioni secondarie nel testo di partenza; se ne cerchino le possibili traduzioni aiutandosi eventualmente con una grammatica. Si scelgano poi le soluzioni stilisticamente più appropriate.

Prima di tradurre il verbo *vermittelte* (r. 11) con un passato prossimo o con un passato remoto, si rifletta sulla diversa sfumatura conferita alla frase dalla scelta dell'uno o dell'altro tempo.

3. Varianti e spiegazioni

1 V − Una spesa

2 V − grosso/impegnativo/importante

S *größer* = piuttosto grande
Al comparativo assoluto tedesco corrisponde di solito in italiano l'aggettivo (eventualmente) preceduto da avverbi come «un po'/ piuttosto/alquanto/abbastanza».
Es: − *eine längere Reise*
− un viaggio un po' lungo

− *ein schnelleres Boot*
− una barca abbastanza veloce

− *ein dickerer Mann*
− un uomo alquanto grasso

3 V − stavo seduto

S Si osservi che le forme coniugate di «essere/stare seduti» sono più usate di quelle di «sedere».

4 S *Dorf* = villaggio, paese
Abbiamo scelto «paese», in quanto «villaggio» è usato ormai quasi esclusivamente come termine letterario e tecnico (per esempio in etnologia).
Es: − *Il sabato del villaggio*
    − il villaggio neolitico, il villaggio dei pellirosse

Il termine «villaggio» si incontra, inoltre, in espressioni quali «villaggio turistico, villaggio olimpico, villaggio dei ragazzi», che indicano un complesso urbanistico-edilizio autonomo in cui risiede una determinata comunità o categoria economico-sociale o professionale.

5 V − o più precisamente/o per meglio dire

6 V − dall'aspetto

S L'attributo di qualità può essere espresso oltre che con le preposizioni «di/da», anche con le preposizioni «a/con», che però non sempre sono intercambiabili.
Es: − un carro a due ruote, un abito a strisce

    − un ragazzo con il volto pallido, un libro con la copertina di pelle

    − un vecchio dalla barba lunga, una città dalle strade strette

    − una donna di statura media, un gioiello di fine fattura

7 V − con voce bassa e tono confidenziale

S Ricordiamo che l'*avverbiale di modo o maniera* si esprime con diverse preposizioni:
«a»
Es: − Procedeva a passi lenti.
    − Tratta tutti allo stesso modo.

«di»

Es: – Guardava di sbieco.   (con risentimento, con diffidenza)

– Fa tutto di testa sua.   (senza ascoltare i consigli degli altri)

«da»

Es: – Ti farò da cicerone.   (da guida)
– Combatte da leone.

«in»

Es: – Mangiarono in compagnia.
– Ho agito in mala fede.   (con l'inganno)

«per»

Es: – Lo diceva per scherzo.
– Mi descrisse tutto per esteso.   (senza tralasciare nulla)

«con»

Es: – Ci ha trattato con asprezza.   (duramente)
– Abbiamo letto con attenzione.

8 V – se volevo

S Per l'uso di congiuntivo/indicativo, vedi *Nel tardo autunno del '41,* n. 24, p. 50

9 V – acquistare

10 V – Certo è abbastanza facile vendermi qualcosa

S Si ricordi che le espressioni impersonali tipo «è necessario/è possibile/è inutile», si legano all'infinito che le segue senza preposizione.

11 V – difficilmente riesco a dire di no
– faccio fatica a dire di no
– non sono bravo a dire di no
– dire di no non è il mio forte

12 V – parve/pareva/sembrava

S Al contesto si adattano sia il passato remoto che l'imperfetto. S'intende che tale scelta produce una sfumatura di significato lievemente diversa; mentre «parve» e «sembrò» sottolineano la decisione presa di usare prudenza (azione conclusa), «pareva» e «sembrava» mettono in rilievo il momento non concluso della riflessione che ha poi condotto a quella decisione.

13 V – opportuno essere prudente.

14 V – Sebbene/nonostante/benché me ne intenda

15 V – Anche se non capisco molto

16 V – su tipo, anno di costruzione e cilindrata

17 V – per dare ad intendere a quel tale
– per dare a quel tale l'impressione

18 V – a quel tipo/a quel tizio

19 V – che avesse a che fare

S In italiano la costruzione della frase dipendente da locuzioni come «far credere, dare ad intendere, dare l'impressione» può essere di due tipi:
a) implicita, quindi con un infinito (possibile solo se vi è identità di soggetto tra frase reggente e frase dipendente)
b) esplicita, cioè introdotta da «che» seguito dal congiuntivo.

20 V – era

S Per quanto riguarda il congiuntivo *sei*, esso è condizionato nel testo tedesco dalla dipendenza dal congiuntivo che lo precede (*habe*); in italiano questo legame viene a cadere.

21 V – a scatola chiusa/la gatta nel sacco/alla cieca.

22 V – Se veramente gli ho fatto/feci questa impressione, non lo so

S «feci questa impressione» ci suggerisce l'idea della distanza tra il momento in cui l'azione si è svolta e il momento in cui è raccontata; «ho fatto questa impressione», invece, ci fa sentire il legame tra passato e momento della narrazione che coinvolge ancora psicologicamente il soggetto.

Riguardo all'uso del *passato prossimo* e del *passato remoto*, entrambi riconducibili all'aspetto del *perfetto*, si osservi che il *passato prossimo*, in generale, esprime avvenimenti compiuti e recenti, ma «si usa anche per descrivere un'azione che si situa entro un periodo di tempo, anche lungo, non ancora concluso: *negli ultimi dieci anni abbiamo cambiato casa sette volte*; ma *in quei dieci anni cambiammo casa sette volte*». (Lepschy, p. 199).

Il passato prossimo, inoltre, descrive azioni del passato i cui effetti durano ancora:
− Leonardo ci ha lasciato opere che testimoniano della grandezza e della versatilità del suo genio.

Spesso il passato prossimo si trova insieme ad avverbi come «già/non ancora/finora/da»:
− È arrivato da tre giorni e finora non si è fatto vivo.

Il passato remoto, invece, «si usa per azione completata nel passato e non considerata in rapporto al presente: *nel 1967 non andai in vacanza; passò tre anni a Napoli*». (Lepschy, p. 199)

Il passato remoto è anche il tempo delle azioni che si svolgono in una narrazione al passato:
− Volle comunicare subito la scoperta all'amico. Non lo trovò. Lo vide dopo cena: passò a prenderlo verso le nove. (Cassola, p. 9)

Si noti però che queste distinzioni, presenti nella lingua letteraria, vengono mantenute nella lingua familiare solo nell'Italia centrale. Nel Settentrione, infatti, il passato remoto è poco frequente, mentre nell'Italia meridionale esso compare anche dove ci si aspetterebbe un passato prossimo.

23 V − e mi fece vedere

24 V − dell'articolo

25 V − delle riproduzioni **che raffiguravano/mostravano** l'oggetto in questione

26 V — da davanti, da dietro e dai lati.

27 V — mettemmo d'accordo

28 V — era già usata

29 V — non avevo intenzione di

30 V — come si sa/come tutti sanno

31 V — si deteriorino con l'uso solo molto lentamente.

32 V — Era bella questa locomotiva e io la ordinai, dopo che ci fummo accordati sul prezzo. Si trattava, infatti, di un articolo di seconda mano e sebbene le locomotive, com'è noto, siano soggette ad un'usura molto lenta, non ero disposto a pagare il prezzo di listino.

S L'opportunità di modificare la punteggiatura deriva dalla scelta di tradurre *denn* con la congiunzione subordinante «poiché»: in questo caso in italiano risulta troppo netta la separazione data dal punto, ed è preferibile la virgola. L'introduzione di questa modifica ha comportato le altre variazioni, finalizzate ad una maggiore agilità ed eleganza del periodo nel suo insieme. Se invece si vuol mantenere il punto come in tedesco, il *denn* andrà reso con «infatti», seguito da frase coordinata.

33 V — Nella notte stessa/E già la notte stessa

S Quando «notte/mattina/pomeriggio/sera» sono determinati, il complemento di tempo può essere costruito con o senza preposizione senza che il significato cambi:
   — Il/nel pomeriggio del quattro maggio è nato il cucciolo dell'orsa Bubi.
   — Il vulcano riprese improvvisamente la sua attività la/nella notte del 20 aprile.

34 V — mi portarono la locomotiva.

35 V — da questa consegna troppo rapida
   — da una consegna così rapida

36 V – c'era

S Questo contesto prevede secondo i canoni della grammatica l'uso del congiuntivo; appare tuttavia senz'altro accettabile anche l'uso dell'indicativo, trattandosi di una circostanza ora accertata. (Sull'uso di congiuntivo/indicativo, vedi *Nel tardo autunno del '41*, n. 24, p. 50)

37 V – equivoco

38 V – **privo di malizia** com' ero.

39 S in casa
In italiano non si usa la preposizione articolata in quanto si intende la casa di chi racconta.
Nel caso in cui non ci si riferisca alla propria casa, ma a quella di qualcun altro, è necessaria la preposizione articolata.
Es: – Nella casa di mia zia abita una famiglia di somali.
   – Porti pure il pacco in casa!

40 V – permettevano

41 S Non si può tradurre *es* con «essa» che risulterebbe ambiguo nel contesto italiano; il pronome infatti è troppo lontano dal nome che sostituisce (casa) e troppo vicino ad un altro termine femminile (locomotiva) a cui potrebbe sembrare riferirsi. Per non ripetere la stessa parola (casa), si è scelto un suo sinonimo: «edificio».

42 V – e così dovette essere portata in garage

43 S *angemessen* = adeguato, adatto, conforme
   adeguato: – usare i mezzi adeguati allo scopo
         – salari adeguati al costo della vita
         – chiedere un compenso adeguato

   adatto: – abito adatto all'occasione
         – ora adatta per una visita
         – persona adatta ad una missione pericolosa

   conforme: – copia conforme all'originale
         – un ritratto poco conforme al modello
         – azioni conformi ai principi.

Nel nostro caso è possibile ricorrere solo ad «adatto».

44 S *für Fahrzeuge* = per i veicoli

In italiano l'articolo è consueto davanti ai nomi plurali che abbiano un valore generale − nel nostro caso con «i veicoli» si intendono infatti tutti i veicoli − e specialmente quando, come qui, il termine plurale (veicoli) sia legato ad un altro nome preceduto dall'articolo determinato (il posto).

Si ricordi comunque che negli ultimissimi tempi si è manifestata una tendenza alla semplificazione − probabilmente legata ai mezzi moderni di diffusione delle informazioni (telex, computer) − che ha portato all'eliminazione dell'articolo, anche dove tradizionalmente si sarebbe usato.

45 V − entrava

46 V − messo/sistemato/collocato

47 S il mio pallone frenato

In generale l'articolo determinativo accompagna il possessivo; ci sono tuttavia dei casi in cui esso si omette:

a) *quando da solo costituisce la parte nominale del predicato*
   − Questa bicicletta è mia, non tua, giù le mani!

b) *con nomi di parentela*
   mio padre, mia madre, mio fratello, mia sorella, mio figlio, mia figlia, mio zio, mia zia, mio nipote, mio marito, mia moglie, mio cugino, mia cugina, mio cognato, mia cognata, mio suocero, mia suocera, mio genero, mia nuora

   Quando però questi nomi sono nelle forme plurali, o diminutive, o sono accompagnati da un aggettivo o dal possessivo «loro», si usa l'articolo:
   i miei zii, la mia sorellina, il mio caro fratello, la loro cugina

c) *con varie locuzioni come*
   a tuo piacere, a vostra disposizione, per nostra fortuna, per colpa loro, a tua scelta.

48 V − ma quello era

9 Der große Wildenberg

Mit dem Brief kam neue Hoffnung. Er war nur kurz, enthielt keine An-
rede, er war mit gleichgültiger Höflichkeit diktiert worden, ohne Anteil-
nahme, ohne die Absicht, mir durch eine versteckte, vielleicht unfreiwil-
lige Wendung zu verstehen zu geben, daß meine Sache gut stand. Ob-
5 wohl ich den Brief mehrmals las, nach Worten suchte, die ich in der
ersten Aufregung überlesen zu haben fürchtete, und obwohl all meine
Versuche, etwas Gutes für mich herauszulesen, mißlangen, glaubte ich
einige Hoffnungen in ihn setzen zu können, denn man lud mich ein,
oder empfahl mir, zum Werk herauszukommen und mich vorzustellen.
10 Ich faltete den Brief zusammen, legte ihn, damit ich ihn gegebenenfalls
schnell zur Hand hätte, in die Brieftasche und fuhr hinaus zur Fabrik.
Es war eine Drahtfabrik, ein langgestrecktes, flaches Gebäude; es war
dunkel, als ich hinausfuhr, und es schneite. Ich ging an einer hohen
Backsteinmauer entlang, ging in ihrem Windschutz; elektrische Bogen-
15 lampen erhellten den Weg, niemand kam mir entgegen.
In das Pflaster der Straße waren Schienen eingelassen, sie glänzten
matt, der Schnee hielt sich nicht auf ihnen. Der Schienenstrang führte
mich zu einer Einfahrt, er verließ in kurzem Bogen die Straße, lief unter
einem Drahtgitter hindurch und verschwand im Innern eines schwarzen
20 Schuppens. Neben dem Tor stand ein Pförtnerhaus aus Holz, es wurde
von einer schwachen elektrischen Birne erleuchtet, die an der Decke
hing.
Im Schein der Birne erkannte ich den Pförtner, einen alten mürrischen
Mann, der vor einem schäbigen Holztisch saß und mich beobachtete.
25 Hinter seinem Rücken brannte ein Koksfeuer. Ich ging an das Häus-
chen heran, und der Pförtner legte sein Ohr an das Fenster und wartete
auf meine Anmeldung: ich schwieg. Der Mann wurde ärgerlich und
stieß ein kleines Fenster vor mir auf. Ich spürte, wie ein Strom von ver-
brauchter, süßlicher Luft ins Freie drang. Der Pförtner war offenbar be-
30 sorgt, daß zuviel Luft aus seinem Raum entweichen könnte, und er fragte ungeduldig: «Zu wem wollen Sie? Sind Sie angemeldet?»
Ich sagte, daß ich bestellt sei; wenn er wolle, könne ich ihm den Brief
zeigen. Der Brief sei von einem Mann namens Wildenberg unter-
zeichnet.

Siegfried Lenz

80

Il grande Wildenberg

Con la lettera[1] arrivò una nuova speranza. Era solo una lettera breve[2], non aveva intestazione[3], era stata dettata con fredda[4] cortesia, senza partecipazione, senza l'intenzione di farmi capire, grazie ad[5] una frase[6] nascosta, forse[7] involontaria, che per me le cose si mettevano bene[8]. Sebbene leggessi la lettera più volte, alla ricerca di parole[9] che avevo paura[10] di aver saltato[11] nell'emozione[12] del primo momento, e sebbene tutti i miei tentativi di leggere tra le righe qualcosa di buono per me fallissero, credevo di poter riporre qualche speranza in essa; infatti mi si invitava[13], o mi si consigliava[14], di andare[15] alla fabbrica e di presentarmi. Piegai[16] la lettera, la misi nel portafoglio[17] per averla subito a portata di mano, nel caso che servisse[18], e andai alla fabbrica. Era una fabbrica di fili di metallo, un edificio lungo e piatto; quando uscii era buio e nevicava[19]. Camminai lungo un muro alto di mattoni, al riparo dal vento[20]. Lampade ad arco elettriche illuminavano la strada, dalla direzione opposta non veniva nessuno[21].
Nel lastricato[22] della strada c'erano[23] delle rotaie: brillavano[24] di una luce fioca[25], la neve non vi si attaccava[26]. Il binario mi condusse[27] ad un'entrata[28], dove, formando una piccola curva, lasciava la strada, passava sotto una grata e spariva[29] all'interno di[30] un capannone nero. Accanto[31] al portone[32] c'era una guardiola di legno illuminata[33] da una debole lampadina appesa[34] al soffitto.
Alla luce della lampadina riconobbi il custode[35], un vecchio burbero[36] che, seduto[37] ad un misero tavolo[38] di legno, mi osservava. Alle sue spalle bruciava[39] un fuoco di carbon coke. Mi avvicinai alla guardiola e il custode mise l'orecchio[40] alla finestra aspettando[41] che mi presentassi[42]: io tacevo[43]. Il vecchio si seccò[44] e mi aprì in faccia una finestrella[45]. Sentii effondersi[46] verso l'esterno una zaffata di aria viziata[47] e dolciastra[48]. Il custode era chiaramente[49] preoccupato che potesse sfuggirgli[50] troppa aria dalla stanza[51] e chiese[52] impaziente[53]: «Da chi vuole andare? Ha un appuntamento?»
Risposi[54] che ero stato chiamato, che se voleva potevo mostrargli la lettera e che la lettera era firmata da un uomo di nome Wildenberg.

1. Osservazioni sul testo

Il narratore, dopo aver ricevuto una lettera firmata da un certo Wilden-berg, che lo invita a presentarsi alla sua fabbrica, si rivolge, pieno di speranza, a questo alto dirigente. Ma il «grande Wildenberg» – uno dei personaggi emblematici di Siegfried Lenz – gli si rivela tutto il contrario di ciò che lui si aspettava. Il racconto, serio e pacato, si articola in modo lineare servendosi di una sintassi curata e precisa.

2. Consigli per la traduzione

Prima di tradurre si osservino tutti i verbi che costituiscono l'ossatura del racconto, distinguendo quelli che rimandano ad azioni finite e concluse da quelli che fanno da sfondo e che sono, per così dire, di accompagnamento, in quanto rimandano ad azioni non finite, non concluse o a descrizioni di persone, cose, situazioni. Ai due gruppi corrisponderanno, ovviamente, tempi diversi del passato. Si individuino i punti in cui è possibile ricorrere alla costruzione con il gerundio.

3. Varianti e spiegazioni

1 V – Insieme alla lettera

S *mit dem Brief* = con la lettera
Qui la preposizione «con» sta ad indicare un *complemento di unione/compagnia*.
Ricordiamo altri complementi introdotti dalla preposizione «con»:
a) *mezzo*
Es: – Con una telefonata ha confermato la data dell'intervista.
b) *tempo*
Es: – Con l'inizio dell'anno aumenta l'affitto di casa.
c) *causa*
Es: – Con questo caldo è impossibile viaggiare.
d) *relazione*
Es: – Non si può essere così maleducati con le persone.

«Con» può avere inoltre valore

e) *concessivo*

Es: − Con tutte le sue conoscenze non riesce a farsi racco-
mandare.

f) e precedere l'infinito con valore di *gerundio*

Es: − Ha aperto la seduta con l'affermare (= affermando) la
sua fedeltà al boss.

2 S La traduzione «era solo breve» non suggerisce in italiano ciò che
il testo intende, cioè che si trattava di una lettera breve e non di
una lettera lunga. La traduzione «era solo breve» implicherebbe
che la brevità fosse l'unica qualità della lettera ad esclusione di
tutte le altre.

3 V − non si rivolgeva a nessuno in particolare

4 V − distaccata cortesia/cortesia solo formale

5 V − con

6 S *Wendung* = locuzione, frase

«Locuzione»: termine proprio della grammatica e della linguistica, significa unità lessicale di due o più parole, modo di dire (p. e.
locuzioni avverbiali, locuzioni congiuntive, locuzioni verbali).

«Frase»: termine specifico della grammatica e della linguistica
che indica un'unità linguistica indipendente e di senso compiuto
(p. e. frasi interrogative, frasi coordinate, frasi oggettive).

Nel linguaggio comune «frase» è spesso sinonimo di «espressione».

Es: − dire una frase gentile
− cercare la frase giusta.

7 V − magari

8 V − che la faccenda prometteva bene per me.
− che per me c'erano buone prospettive.

9 V − cercando parole/per cercare parole

S È possibile qui sostituire «alla ricerca» e «per cercare» con un *gerundio* di valore finale. Il gerundio infatti è usato per esprimere la forma implicita di proposizioni secondarie finali, temporali, modali, condizionali, causali.
Si ricordi inoltre che il gerundio al passato viene usato quasi esclusivamente nella lingua letteraria:
– Avendo mantenuto la promessa, sarai lodato.
– Essendo arrivato tardi, dovette partire subito.

Ma al presente è frequente anche nella lingua parlata. Riguardo in particolare al gerundio presente si noti che nella frase: «Ho visto Luigi andando in centro» il soggetto di «andando» non può che essere lo stesso di «ho visto», cioè «io»; è questo infatti il caso della *costruzione congiunta*: i soggetti – della proposizione principale e di quella al gerundio – sono uguali.

Nella *costruzione assoluta,* invece, i soggetti sono diversi:
– Essendo scoppiata la guerra, dovette interrompere il viaggio.
– Essendosi rotto il microfono, il conferenziere non potè più proseguire la conferenza.
– Essendo malato il tenore, la rappresentazione fu rinviata.

Si noti inoltre che la costruzione *andare + gerundio* sta a significare che l'azione si ripete o viene presentata in progressione; la costruzione *stare + gerundio*, invece, indica la durata dell'azione:
– Carlo va sparlando di te a destra e a manca.
– Il consumo di kiwi va aumentando sempre di più.
– Il regista sta girando un film in Spagna.

10 V – che temevo

11 V – di non aver letto

12 V – **per l'**emozione

13 V – ero invitato

14 S Con il verbo «consigliare», che qui regge «mi» complemento di termine, non è possibile la costruzione passiva personale proposta in variante per il verbo «invitare».

S mi si consigliava

Ricordiamo che il pronome personale (diretto o indiretto) precede sempre il pronome impersonale «si».
Es: – Lo si vedeva passeggiare.
  – Le si diede della bugiarda.

15 V – recarmi

16 V – Ripiegai

17 S portafoglio, portafogli

«Portafoglio», più usato di «portafogli», compare in alcune espressioni come:
  – avere il portafoglio gonfio (avere molti soldi, essere ricco)
  – mettere mano al portafoglio (pagare)
  – alleggerire qualcuno del portafoglio (rubargli il portafoglio).

«Portafoglio», inoltre, indica la funzione o la carica di ministro: il portafoglio degli Interni, il portafoglio della Difesa. Ci sono anche ministri «senza portafoglio» che, pur essendo ministri ad ogni effetto, non sono titolari di un ministero, ma svolgono funzione di collegamento tra i diversi ministeri con particolari incarichi di vario genere.

18 V – se fosse stata necessaria

19 V – stava nevicando.

20 V – **che mi riparava** dal vento.

21 V – non incontrai nessuno che veniva dalla direzione opposta.

S Tradurre qui *entgegenkommen* con «venire incontro» sarebbe improprio; questo verbo infatti presuppone l'intenzione di andare verso qualcuno, mentre nel nostro caso si vuole esprimere la possibilità (qui non realizzata) di incontrare qualcuno casualmente.

S *niemand kam mir entgegen* = dalla direzione opposta non veniva nessuno.
Si ricordi che con «nessuno, nulla, niente, neppure, nemmeno, neanche, mica, mai», occorre la doppia negazione. Solo quando

questi pronomi e avverbi di negazione si trovano all'inizio della frase si omette «non».
Es: – Non vennero neppure il giorno dopo.
   – Mai l'avrei pensato!

22 V – selciato

23 V – erano inserite/incastrate

24 V – luccicavano

25 V – tenue/debole

26 V – la neve vi scivolava sopra.

27 V – mi portò

28 V – ad un ingresso

29 V – entrata, lasciò la strada con una piccola curva, passò sotto una grata e sparì

   S La versione del testo introduce una secondaria (dove …) che descrive il percorso del binario e richiede quindi l'imperfetto; la variante invece prosegue la «personificazione» determinata dal verbo «condusse» con delle frasi coordinate ovviamente nello stesso tempo, il passato remoto.

30 V – dentro

31 V – Vicino

32 S *Tor* = porta, portone

porta		portone	
	di un appartamento		del palazzo
	del bagno		della scuola
	di una città		della caserma
	dell'armadio		della fabbrica
	della macchina		

Con la parola «porta» sono numerose le espressioni idiomatiche:
- essere alle porte (essere imminente, vicino)
- mettere qualcuno alla porta (scacciarlo)
- prendere la porta (andarsene)
- chiudere la porta in faccia a qualcuno (rifiutargli ogni aiuto)
- battere a tutte le porte (chiedere a tutti aiuto, soprattutto materiale).

33 V − di legno, era illuminata

34 V − che era appesa

35 V − guardiano/portiere

S «Portinaio» sarebbe qui fuori luogo in quanto indica la persona incaricata di sorvegliare, ed eventualmente anche di tenere pulito ed in ordine, un condominio.

36 V − arcigno

37 V − un vecchio burbero **che era seduto ... e mi osservava.**

38 S *Tisch* = tavolo, tavola
Si preferisce il termine «tavolo» quando esso è seguito dalla specificazione della sua funzione:
tavolo da disegno   tavolo di cucina
tavolo da gioco   tavolo d'ufficio

Si usa invece solo «tavola» quando s'intende il mobile da pranzo destinato, preparato e utilizzato per mangiare.
Es: − Venite a tavola, il pranzo è pronto!
   − Ne parleremo a tavola!
   − Ad apparecchiare e a sparecchiare la tavola ci pensa sempre mio marito.
   − A tavola non si invecchia.

Ma al ristorante, curiosamente, si parla di «tavolo».
Es: − Scusi, c'è un tavolo libero?
   − Gli spaghetti vanno al tavolo tre.

39 V − ardeva

40 S *der Pförtner legte sein Ohr* = il custode mise l'orecchio
Il *possessivo* spesso si tralascia con i nomi indicanti parti del corpo che si riferiscono al soggetto:
– Marcello alzò la gamba e cadde a terra.

E nel caso in cui un pronome indichi il possessore:
– Le hanno rubato la moto sotto casa.
– Mi hanno riparato l'orologio, finalmente!

41 V – e aspettò/in attesa

42 S Le frasi subordinate introdotte da «che» e rette dai verbi «aspettare/attendere/essere in attesa/restare in attesa» e dal sostantivo «attesa» e dalla locuzione «in attesa» hanno il verbo coniugato al congiuntivo.

43 V – io stavo zitto.

S io tacevo
Di solito le forme pronominali del soggetto si tralasciano; sono però presenti, quando:
– si vogliono mettere in particolare risalto (come nel nostro caso) o in contrasto
– non è chiaramente riconoscibile il soggetto.
Es: – Mi ha aiutato lui in quell'occasione, anche se non gli ero simpatica.
– Guarda che non l'ho detto io, l'hai detto tu.
– Mi domando cosa lei voglia da noi.
– Quando la banda cominciò a suonare, lui scese in strada.

44 V – si arrabbiò/si irritò/si indispettì.

45 V – e con violenza mi aprì davanti una finestrella.

46 V – spandersi/diffondersi

47 V – Sentii che una zaffata di aria viziata e dolciastra si effondeva verso l'esterno.

S Si osservi che la costruzione tedesca introdotta da *wie* e dipendente da un verbo di percezione, in italiano si traduce con un frase implicita (quindi con il verbo all'infinito) o con una esplicita introdotta da «che».

S Qui proponiamo «zaffata» che ci sembra connotare efficacemente l'odore sgradevole e improvviso di cui parla il testo.

48 S *süßlich* = dolciastro, dolcetto, dolcigno

dolciastro: dal sapore (o odore) dolce e sgradevole
Es: − un profumo dolciastro

dolcetto: di sapore alquanto dolce
Es: − una salsa dolcetta

dolcigno: tendente al dolce
Es: − bacche di sapore dolcigno.

49 V − evidentemente

50 V − scappargli

51 S Riguardo all'assenza in italiano del possessivo, vedi n. 40 di questo testo.

52 V − Il custode, chiaramente preoccupato ... chiese

53 V − impazientemente/con impazienza

S Talvolta l'aggettivo è usato come predicativo del soggetto in alternativa all'avverbio di modo.
Es: − I giorni scorrevano rapidi/rapidamente.
  − La pioggia batteva violenta/violentemente sul tetto.
  − I ciclisti tagliarono veloci/velocemente il traguardo.

Tale uso è consolidato in espressioni come:
cantare stonato   contare giusto
dire chiaro e tondo   volare alto
guardare fisso

Ma non tutti gli aggettivi ammettono questa possibilità.
Es: − Dormì profondamente tutta la notte.
  − Quel maleducato scese le scale rumorosamente.
  − Giacomo ha agito onestamente.

54 V − Dissi

10 Herr Strich schreitet zum Äußersten

Leute, die ihn kurz kennenlernten, wußten von Herrn Strich zu berichten, daß er den Tee trank wie ein englischer Oberst nach fünfzehnjährigem Dienst in den Kolonien: so nebensächlich und als sei draußen Dschungel mit grünen Phosphoraugen. Aber dem kleinen, sorgfältig
5 gekleideten Gelehrten widerfuhr mit dieser Beurteilung Unrecht. Der vorsichtig ausgewählte Kreis von Gleichgesinnten − zumeist Studenten −, der sich zweimal wöchentlich um ihn versammelte, schätzte an Herrn Strich vorzüglich die Scharfsinnigkeit seiner glasklaren Formulierungen. Besonders, wenn er über moderne literarische Probleme
10 sprach, zeichnete er sich durch geradezu gallische Eloquenz aus. Es war nicht verwunderlich, daß ein gelegentliches Gespräch über den Dichter C. Herrn Strich zu profunden Gedanken Anlaß gab. «C.s», ließ er sich vernehmen, «C.s Reflektionen über die Notwendigkeit zu provozieren, sind es im besonderen, die unsere Aufmerksamkeit verdienen. Wir be
15 merken mit Verwunderung, daß sie philologisch bisher nicht verarbeitet wurden. Hier wäre eine Lücke zu füllen.»
Ermutigt durch die lebhafte Zustimmung seiner Freunde forschte Strich während der nächsten Wochen nach dem Verbleib der Handschriften des Dichters C.; es stellte sich heraus, daß eine Auktion sie nach Grön
20 land verschlagen hatte. Strich beschloß, an Ort und Stelle Einsicht in die Handschriften zu nehmen. Dabei entging ihm nicht, daß der Abdruck gewisser C.scher Studien nicht vollständig mit der Handschrift übereinstimmte: einmal war ein ‹und› unterschlagen, an anderer Stelle das Wort ‹mild› das in dem betreffenden Zusammenhang durchaus am
25 Platze war, durch ‹wild› ersetzt worden − eine Redaktion, die Strich böswillig und verhängnisvoll nannte.

Reinhard Lettau

Il signor Strich[1] ricorre a mezzi estremi

Le persone che ne avevano superficialmente fatto la conoscenza[2] erano in grado di[3] riferire sul[4] signor Strich che beveva[5] il tè come un colonnello inglese dopo quindici anni di servizio nelle colonie[6]: con quell'indifferenza[7], e come se fuori ci fosse la giungla con occhi verdi e fosforescenti[8]. Ma un simile[9] giudizio faceva torto[10] al piccolo[11] studioso[12] vestito con cura[13]. La cerchia di persone affini, scelta[14] accuratamente – per la maggior parte studenti – che si radunava intorno a lui due volte la settimana, apprezzava del signor Strich sopra ogni altra cosa[15] l'acume[16] delle sue limpide formulazioni. Specialmente quando parlava[17] di problemi[18] di letteratura[19] moderna brillava[20] per l'eloquenza addirittura gallica. Niente di strano che una conversazione casuale[21] sul poeta C. fosse occasione per il signor Strich di[22] profonde riflessioni. «Sono le osservazioni di C.», lo si sentì dire, «sono le osservazioni di C. sulla necessità di provocare che meritano particolarmente[23] la nostra attenzione[24]. Notiamo con meraviglia[25] che finora non sono state studiate con metodo filologico[26]. Qui ci sarebbe da colmare[27] una lacuna.»
Incoraggiato[28] dal vivo consenso[29] degli amici, Strich nelle settimane successive[30] cercò il luogo in cui si trovavano i manoscritti[31] del poeta C.; dalle ricerche risultò[32] che un'asta pubblica li aveva sbattuti[33] in Groenlandia. Strich decise[34] di prenderne visione[35] sul luogo stesso. Esaminandoli[36] non gli sfuggì che l'edizione a stampa di certi studi di C. non concordava del tutto con il manoscritto[37]: una volta era stata omessa[38] la congiunzione ‹e›, in un altro punto la parola ‹mite›, che era proprio adatta al contesto[39] in questione, era stata sostituita con ‹selvaggio›[40], redazione che Strich definì[41] perfida e funesta[42].

1. Osservazioni sul testo

In questo racconto di Reinhard Lettau, bersaglio della penna satirica dell'autore è il signor Strich. Strich rappresenta la caricatura del filologo con tutte le sue manie che lo portano a ricorrere a «mezzi estremi» (occuperà infatti con la forza una stazione radio) pur di trovare un pubblico interessato ai suoi studi. Lettau gioca con tutta una serie di aggettivi ed avverbi per costruire la parodia del nostro professore e si serve di periodi piuttosto lunghi per dare la cornice adatta ad un tale personaggio.

2. Consigli per la traduzione

Si consiglia di scegliere accuratamente avverbi ed aggettivi che rispecchino lo spirito del brano e di mantenersi per quanto possibile vicini alla sintassi del testo di partenza.

Nel rendere l'espressione *Anlaß geben* si tenga conto del complemento indiretto *Herrn Strich*.

Nella traduzione italiana l'opposizione *mild/wild* risulterà chiaramente meno efficace: non è possibile infatti rendere questo gioco di parole.

3. Varianti e spiegazioni

1 S *Herr Strich* = il signor Strich

Se un cognome o un nome sono preceduti da un titolo o da signor/signora/signorina si usa l'articolo determinato:

il professor Tamburri, il dottor Tiscani, la signora Ida, il signor Giuseppe.

Si noti l'assenza della «e» finale in «professore, dottore e signore».

Se un cognome è preceduto dall'articolo plurale, indica la famiglia: i Medici, gli Ambrosini.

2 V – Chi ne aveva superficialmente fatto la conoscenza
– Le persone che ne avevano fatto una conoscenza superficiale

S Si è pensato di rendere *kurz* con «superficialmente/superficiale» basandosi sul fatto che l'azione di fare la conoscenza è per sua natura di durata limitata.

3 V – potevano

4 V – riferire **del**

5 V – che bevesse

    S Nelle secondarie dipendenti da verbi come «riferire/dire/raccontare/affermare/asserire» è possibile anche il congiuntivo che conferisce alla frase un tono più letterario. (Per l'uso di congiuntivo/indicativo, vedi *Nel tardo autunno del '41*, n. 24, p. 50)

6 V – in colonia

7 V – con tanta indifferenza

    S Le possibili traduzioni di *nebensächlich* «marginalmente/secondariamente» non possono entrare in combinazione con «bere»; l'avverbio suggerisce in questo contesto l'idea di un'azione compiuta senza darle importanza. Proponiamo quindi «con indifferenza».

8 V – la giungla con occhi verdi, fosforescenti.
     – una giungla con verdi occhi fosforescenti.

9 V – tale

10 V – con un giudizio simile si faceva torto

11 S Si noti che l'aggettivo «piccolo» nonostante la posizione prenominale, qui senz'altro da preferire sul piano estetico, non comporta altre connotazioni oltre a quella della piccola costituzione fisica. (Per altre osservazioni sull'aggettivo «piccolo», vedi *La mia Milano,* n. 29, p. 145)

12 S *Gelehrter* = studioso, scienziato, erudito
    Qui è preferibile tradurre con «studioso» che ha un significato più generale di «scienziato». «Scienziato» indica infatti uno studioso, un ricercatore, soprattutto nel campo delle scienze esatte.
    Il termine «erudito» poi ha un valore limitativo, definisce infatti una persona che ha un vasto bagaglio di conoscenze in varie discipline ma non possiede una profonda formazione culturale.

13 V – dall'abbigliamento curato.

14 V − La cerchia di persone affini selezionate ... che si radunavano

15 V − soprattutto/in particolar modo

16 V − acutezza

17 S Il verbo «parlare» entra nei più svariati contesti. Tra i più frequenti:
- Martina parla due lingue: con la mamma parla in italiano e con il babbo in tedesco.
- Ho parlato a Lucio del nostro annoso problema.
- Prima di decidere, bisogna parlarne anche con Massimo.
- Maria era assente alla riunione di ieri e così ho dovuto io parlare per lei.
- Il professore ha parlato per due ore sul/del Romanticismo.
- Passeggiava parlando tra sé e sé.
- Non vi parlo da esperto, ma da amico!

18 V − questioni

19 S Qui non è possibile tradurre *literarisch* con «letterario» per la presenza dell'altro attributo «moderno».

20 V − spiccava/si distingueva/si faceva notare

S *sich auszeichnen* = distinguersi, farsi notare
A proposito di «distinguersi», questo verbo, e così pure i suoi sinonimi «spiccare», «brillare», sembra ricorrere prevalentemente in riferimento a doti positive.
Es: − Paolo si distingue sempre per la sua abilità nel risolvere i problemi più complicati.

«Farsi notare», invece, ricorre indifferentemente con qualità positive o negative.
Es: − Giorgio in quella occasione si fece notare per la sua eleganza.
   − Adriana si fece notare per il suo comportamento oltremodo sfacciato.

Inoltre «distinguersi» e i suoi sinonimi, se usati in riferimento a qualità negative, conferiscono un senso ironico-scherzoso alla frase.

Es: – All'inaugurazione della mostra il gallerista brillava per assenza.
– Al matrimonio di Luigi la zia Carlotta si distinse per una serie interminabile di gaffes.

21 V – occasionale

22 V – Niente di strano se ... diventava/era occasione per il signor Strich di
– Niente di strano che ... fosse il pretesto per il signor Strich di
– Niente di strano che ... fornisse lo spunto al signor Strich per

S niente di strano
«niente, nulla» si legano all'aggettivo con la preposizione «di», al verbo – forma infinita – con la preposizione «da».
– Quest'anno il programma del cineclub non è nulla di eccezionale.
– Non ho niente da mettermi per andare a quella festa.

S Si ricordi che con «strano/insolito/giusto/raro/utile/logico» ed altre espressioni indicanti un giudizio soggettivo si usa il *congiuntivo*. Nella lingua parlata talvolta si può trovare anche l'indicativo. (Per l'uso di congiuntivo/indicativo, vedi *Nel tardo autunno del '41,* n. 24, p. 50)

S *Anlaß geben* = dar luogo a qualcosa, dar motivo di qualcosa
Per ragioni sintattiche tradurre l'espressione *zu etwas Anlaß geben* con «dar luogo a qualcosa, dar motivo di qualcosa» qui non è possibile; la presenza del complemento indiretto *(Herrn Strich)* obbliga a ricorrere a una delle costruzioni proposte.

23 V – la nostra particolare attenzione.

24 V – «In modo particolare», lo si sentì dire, «meritano la nostra attenzione le osservazioni di C. sulla necessità di provocare.»

S le osservazioni di C.
Qui la preposizione «di» sta ad indicare un *complemento di specificazione* come in:
– Francesca conosce a memoria tutti i libretti delle opere di Verdi.
Ricordiamo altri complementi introdotti dalla preposizione «di»:

a) *origine*

Es: – È di famiglia ricca: può mantenere anche quella sua amica di Torino.

b) *causa*

Es: – Quando sapranno che andremo in Messico, creperanno d'invidia.

c) *argomento*

Es: – È diventato famoso grazie al suo trattato di etologia.

d) *età*

Es: – Sposerei un uomo di sessant'anni solo se fosse miliardario, bello e sportivo.

e) *tempo*

Es: – D'estate la gente viaggia di più.

Vi sono anche degli aggettivi e dei verbi che reggono la preposizione «di»:

avido di	geloso di	responsabile di
certo di	orgoglioso di	ricco di
contento di	pazzo di	tipico di
degno di		

accusare di	pentirsi di	riempire di
innamorarsi di	ricordarsi di	trattarsi di
lamentarsi di	ridere di	vergognarsi di
meravigliarsi di		

25 V – con stupore/stupiti/meravigliati

26 V – trattate filologicamente/oggetto di trattazione filologica.

27 V – Qui si potrebbe colmare

28 S *ermutigt* = incoraggiato

Il *participio passato assoluto,* che per solito ha valore temporale o causale, si concorda per genere e numero con il nome a cui si riferisce.

Es: – Caduto il governo, le azioni in borsa crollarono.
  – Accesa la televisione, mi sprofondai in poltrona.

29 V – dall'entusiastico consenso/dall'approvazione entusiastica

30 V – seguenti

S *während der nächsten Wochen* = nelle settimane successive/ seguenti
L'aggettivo *nächst* si traduce con «successivo» nel caso di un'azione futura nel passato, con «prossimo» nel caso di un'azione futura rispetto al presente.
Es: – *Margherita hoffte, ihr Studium in den nächsten Monaten abzuschließen.*
   – Margherita sperava di concludere gli studi nei mesi successivi.

   – *Er plant, nächstes Jahr nach Australien zu reisen.*
   – Progetta di fare un viaggio in Australia l'anno prossimo.

31 S *Verbleib* non è certo da rendere con «soggiorno/dimora», che in italiano possono riferirsi solo a persone; qui si parla di «manoscritti» e quindi si dovrà dire «luogo in cui si trovano i manoscritti».

32 V – dalle ricerche venne fuori/scaturì
   – le ricerche rivelarono

33 V – fatti finire/scaraventati

34 S Il verbo «decidere» ha anche la forma riflessiva «decidersi». Le due forme, però, non sempre sono intercambiabili. In generale, «decidersi» indica il processo che ha condotto alla decisione, suggerendo, talvolta, anche l'idea di un travaglio per giungere alla decisione stessa; «decidere», invece, più genericamente indica un'opzione, una scelta, la presa di decisione.
Es: – Dopo lunghe trattative i rapinatori si sono decisi ad arrendersi alle forze di polizia.
   – Ritornato al potere, il dittatore decise di concedere un'amnistia.

35 V – prendere visione dei manoscritti

36 V – Nell'esaminarli/Mentre li esaminava

S *dabei* = esaminandoli, nell'esaminarli, mentre li esaminava

In questo caso per rendere in italiano l'idea di contemporaneità tra le due azioni *Einsicht ... zu nehmen* e *entging,* espressa in tedesco dall'avverbio pronominale *dabei,* si può ricorrere a proposizioni con il verbo «fare» del genere «facendo ciò, nel fare ciò, mentre faceva ciò». È comunque preferibile ricercare il contesto cui fa riferimento *dabei* e chiarirlo ricorrendo ad un verbo che precisi «fare».

Es: − *Claudio begann, in den Papieren des Direktors zu stöbern. Dabei bemerkte er nicht, daß jemand eine Pistole auf seinen Nacken richtete.*

  − Claudio cominciò a rovistare tra le carte del direttore. Cercando non si accorse che qualcuno gli puntava una pistola alla nuca.

Il *dabei,* inoltre, può essere reso in italiano anche nei seguenti modi:

− *Er spielte Golf und dachte dabei an die ganze Arbeit, die ihn am nächsten Tag erwartete.*
− Giocava a golf e intanto pensava a tutto il lavoro che l'aspettava il giorno dopo.

− *Angela, wie schaffst du es, zu lesen und dabei Radio zu hören?*
− Angela, come fai a leggere e ad ascoltare contemporaneamente la radio?

− *Er nahm am Kirchweihfest teil und lernte dabei den Bischof persönlich kennen.*
− Partecipò alla festa del patrono e in quell'occasione conobbe personalmente il vescovo.

37 V − **non corrispondeva** del tutto **al manoscritto**
  − **non coincideva** del tutto **con il manoscritto**

38 V − tralasciata

39 V − che si adattava perfettamente al contesto

40 S È impossibile riprodurre in italiano il gioco di parole basato sul cambio di consonante tra gli aggettivi *mild* e *wild.*

41 V − **qualificò (come)** perfida e funesta.
  − **chiamò** perfida e funesta.

S *nennen* = chiamare, dire, definire

La variante con «dire» richiede la costruzione «dire che» e nel nostro caso non può essere presa in considerazione poiché sintatticamente incompatibile con la frase relativa immediatamente precedente.

42 V − fatale/infausta.

11 Der Kontrolleur

Sofort, ohne daß wir ausdrücklich den Entschluß fassen mußten, waren unsere Hände, als wir das Wort «Fahrkartenkontrolle» hörten, wie auf Befehl zu unseren Manteltaschen gezuckt. Dort allerdings, bei einigen Leuten noch in der Luft, stoppte die Bewegung, wieder eigentlich ohne
5 unser Zutun. Wir gehorchten rascher, als wir denken konnten. Die Finger folgten der hastigen, im Grunde ja überraschenden Geste derjenigen S-Bahninsassen, die nicht wie ich in Fahrtrichtung sahen, die nämlich offenbar früher als ich und die anderen, die mir den Rücken zuwandten, auf ein neues, dem ersten widersprechendes Signal hin
10 handelten.
Ich drehte den Kopf zum Kontrolleur herum. Er lehnte bewegungslos an der Tür, ein schmächtiger junger Mann in einem Anorak, mit gestrickter Mütze auf dem Kopf, gleichmäßig rund ins Gesicht gezogen. Ich wußte augenblicklich, daß er der Rufer sein mußte, «denn», dachte
15 ich im ersten Moment, «er grinst wie einer, der zu Recht alle Blicke auf sich spürt!» Dann entdeckte ich, daß er niemanden anguckte. Er lächelte, als nähme er, weder triumphierend noch ängstlich, die Wirkung seines Manövers gar nicht wahr. Bei kaum merklich rutschendem Mund lächelte er beständig gegen die letzten Fensterscheiben des Wagens, über
20 alle Locken und Hüte weg. «Verträumt und wachsam», sagte ich mir eher unwillkürlich, doch auf der Stelle, «freundlich und feindselig zugleich!»

Brigitte Kronauer

Il controllore

Subito[1], indipendentemente dalla nostra volontà[2], le nostre mani, quando sentimmo le parole[3]: «Biglietti, prego!», guizzarono come a comando[4] verso le tasche[5] dei cappotti[6]. Ma[7] lì, e per certe persone[8] ancora a mezz'aria[9], il movimento si arrestò[10], e anche questa volta[11], a dire il vero[12], senza che fossimo noi a volerlo[13]. Obbedimmo più in fretta di quanto riuscissimo a pensare[14]. Le dita imitarono il gesto frettoloso[15] ed in fondo sorprendente di quei passeggeri della metropolitana[16] che non guardavano nella direzione di marcia come invece facevo io, e che quindi evidentemente[17] reagirono prima di me[18] e degli altri che mi voltavano le spalle ad un nuovo segnale, opposto al primo[19]. 10

Mi girai[20] verso il controllore. Era[21] appoggiato, immobile, alla porta[22]: un giovane magro[23] in giacca a vento[24], con in testa un berretto[25] di maglia calcato tutt'intorno al viso[26]. Capii subito[27] che doveva essere stato lui a dire ad alta voce: «Biglietti, prego!»[28] perché, pensai in un primo momento[29], «sogghigna come uno che si sente, a buon diritto, tutti gli 15 sguardi addosso.»[30] Poi scoprii che non guardava nessuno. Sorrideva[31] come se non si accorgesse dell'effetto della sua manovra, senza ombra[32] di trionfo, né di paura[33]. Continuava a sorridere[34] con una smorfia quasi impercettibile della bocca[35] verso gli[36] ultimi finestrini[37] della carrozza[38] al di sopra di tutte le teste[39] e i cappelli[40]. «Trasognato[41] e vigile»[42], 20 mi dissi quasi senza volerlo[43], ma subito dopo[44] «gentile e allo stesso tempo[45] ostile.»

1. Osservazioni sul testo

La caratteristica principale del brano di Brigitte Kronauer, pseudonimo della scrittrice B. Schreiber, è la contrapposizione tra un lessico piuttosto semplice e una sintassi molto complessa, dal ritmo serrato. Tale sintassi esprime l'obbedienza involontaria, quasi da automa, dettata dalla soggezione verso l'autorità − o meglio quella ritenuta tale − in questo caso il finto controllore.

2. Consigli per la traduzione

Le difficoltà maggiori si incontreranno nel risolvere i problemi di sintassi e nel ricostruire il ritmo. Si consiglia dunque di leggere più volte il testo concentrandosi sulla sua struttura; di stendere poi una prima traduzione che si dovrà rifinire fino ad avvicinarsi il più possibile alle caratteristiche del brano tedesco.

3. Varianti e spiegazioni

1 V È stata scartata la variante «immediatamente» per evitare la rima un po' sgradevole con «indipendentemente».

2 V − senza bisogno di una vera e propria decisione

S La traduzione letterale «senza che dovessimo prendere espressamente la decisione» appesantisce lo stile del brano.

3 V − le nostre mani, **non appena sentimmo le parole**
− le nostre mani, **alle parole**

S le nostre mani
Abbiamo preferito mantenere il possessivo, non necessario in italiano quando è chiaro il possessore, per rendere efficacemente l'intensità della frase tedesca.

S Si ricordi che la congiunzione temporale «appena» (o «non appena») introduce una proposizione che può essere implicita con il verbo al participio passato ed esplicita con il verbo all'indicativo o al congiuntivo.

Es: – (Non) appena arrivato, è corso a fare il bagno al lago.
– Vi rivelerò il nome dei vincitori, (non) appena sarò da voi.
– Usciremo con i bambini, non appena il tempo migliori.

S Abbiamo tradotto *das Wort* con un plurale, perché in italiano l'e-
spressione usuale dei controllori sui mezzi pubblici è «Biglietti,
prego».

4 V – come su comando

5 V – alle tasche

6 S *Mantel* = cappotto, paltò, mantello, pastrano
A differenza di «cappotto» e «paltò», «mantello» è usato come
termine nel mondo della moda e della sartoria per designare un
cappotto da donna particolarmente elegante; il «pastrano», invece, è un cappotto pesante da uomo. «Mantello» indica inoltre, insieme a «mantella», quell'indumento di forma rotonda, senza
maniche, chiuso sul davanti.

7 S Ricordiamo alcuni tra i vari modi di tradurre *allerdings*:
allerdings (immerhin) = ad ogni modo
– *Sie sind nicht pünktlich gewesen. Allerdings haben sie sich mehr-*
mals entschuldigt.
– Non sono stati puntuali, ad ogni modo si sono scusati più volte.

allerdings (aber, jedoch) = ma, tuttavia
– *Das Restaurant ist gut, allerdings etwas teuer.*
– Il ristorante è buono, ma un po' caro.

allerdings (freilich, gewiß) = ma certo, senza dubbio
– *Ich hoffe, daß du einen solchen Vorschlag ablehnen wirst.*
Allerdings!
– Spero che vorrai rifiutare una proposta così. Ma certo!

8 S *bei einigen Leuten* = per certe persone
Quando *bei* ha valore di preposizione di luogo ed indica una persona o per traslato la casa, l'ambiente di una persona, varie sono
le corrispondenti espressioni italiane:

Es: – *bei sich tragen*
    – portare con sé, avere addosso

    – *bei sich anfangen*
    – cominciare da se stessi

    – *als Gast bei sich behalten*
    – far rimanere un ospite

    – *die Entscheidung liegt beim Arzt*
    – la decisione spetta al medico

    – *Kommt das oft bei ihm vor?*
    – Gli capita spesso?

    – *Hast du nichts Ungewöhnliches bei ihm bemerkt?*
    – Non hai notato niente di strano in lui?

    – *ich dachte bei mir*
    – pensavo tra me e me

    – *wir sind bei ihr eingeladen*
    – siamo invitati da lei

    – *die Schuld liegt bei ihm*
    – la colpa è sua

S *Leute* = gente, persone
Si notino i vari contesti per le possibili traduzioni in italiano del termine *Leute*:
die Leute = la gente; *alle Leute* = tutti; *viele Leute* = molte persone/molti
– *Es ist mir egal, was die Leute sagen, ich werde nicht zurücktreten.*
– Me ne infischio di quello che dice la gente, io non mi dimetterò.

– *Die Stadt wirkt verlassen, weil alle Leute am Strand sind.*
– La città sembra abbandonata perché tutti sono in spiaggia.

– *Viele Leute verließen aus Protest den Saal.*
– Molte persone/molti lasciarono la sala in segno di protesta.

– *Die Grifi sind nette Leute.*
– I Grifi sono persone gentili.

– *Unsere Nachbarn sind gute Leute.*
– I nostri vicini sono brava gente.

9 S La traduzione «nell'aria» sarebbe qui impropria in quanto significherebbe «dentro l'aria» e non «sospeso per aria» (che abbiamo
reso con «a mezz'aria»), come invece esige il testo.

10 V – si bloccò

11 V – e ancora una volta

12 V – per la verità

13 V – involontariamente/senza che lo volessimo

    S *ohne unser Zutun* = senza il nostro intervento
Non sarebbe appropriata, nel contesto, la traduzione «senza il
nostro intervento», espressione che ricorre, invece, in contesti del
tipo:
– Senza il loro intervento non avrebbe mai avuto quel posto.
– Senza il mio intervento le cose non sarebbero certo andate così.

14 V – di quanto **fossimo in grado di** pensare

15 V – brusco

16 S *S-Bahn* = metropolitana
I termini tedeschi *U-Bahn* e *S-Bahn* vengono ambedue tradotti in
italiano con il termine «metropolitana».

17 V – chiaramente

18 V – che non erano, come me, rivolti nella direzione di marcia e
quindi reagirono evidentemente prima di me

19 V – al precedente.

20 V – Mi voltai/Girai la testa

21 V – Stava

22 S Per l'uso dei due punti, vedi *Caro M.*, n. 37, p. 158

23 V – esile

24 V − **con una** giacca a vento

25 V − **in testa** un berretto

26 S *Gesicht* = faccia, viso, volto
I tre termini appartengono a diversi livelli stilistici: «volto» è usato prevalentemente nella lingua letteraria, «viso», «faccia» sono
di uso più corrente; il termine «faccia» è più popolare e ricorre in
espressioni di particolare efficacia:

− faccia di bronzo, faccia tosta	(chi è sfacciato e non si vergo-gna di niente)
− faccia da schiaffi	(chi è arrogante)
− perdere la faccia	(perdere la propria dignità)

Ricordiamo a questo proposito anche la parola «muso» (così si
chiama negli animali la parte della testa che va dagli occhi alla
bocca), che riferita a persona assume una connotazione negativa
o entra in espressioni idiomatiche:

− spaccare il muso a qualcuno	(picchiare duramente)
− a muso duro	(con modi rudi e decisi)
− tenere il muso a qualcuno, fare il muso	(mostrare risentimento per un' offesa subita con un atteggia-mento freddo e indifferente)

27 V − immediatamente

28 S *der Rufer*
Come spesso accade per questi sostantivi in *-er* derivati da verbi,
in italiano è necessario rendere *der Rufer* con «colui che grida, che
parla, che dice ad alta voce»; nel nostro caso, inoltre, ci è sembrato opportuno completare ripetendo le parole dette ad alta voce.

29 V − al primo momento

30 V − che sente giustamente tutti gli sguardi su di sé.»

31 S *lächelte* = sorrideva
Il fatto che la lingua italiana mantenga ben distinti, nell'esprimere
il verbo al passato, gli aspetti dell'*imperfetto* e del *perfetto* (rappresentato da due tempi, *passato prossimo* e *passato remoto*), e
comporti quindi, per la traduzione del *preterito tedesco,* la scelta
fra più tempi in relazione al contesto, crea delle difficoltà.

In particolare le difficoltà maggiori si presentano quando si usa l'*imperfetto* per
- descrivere un'azione (a)
- presentare un'azione nel suo svolgimento, ovvero non nella sua interezza, bensì in un momento del suo svolgersi (b).

a) Quando si descrivono una persona, un paesaggio, uno stato d'animo, il tempo atmosferico, la scelta dell'imperfetto non crea problemi. Ma quando ci si trova di fronte alla descrizione di un'azione o di un complesso di azioni, ovvero di una situazione, può essere difficile, per un germanofono, riconoscerle come tali e rendere il preterito con un imperfetto:

Er rannte abwechselnd zu den Scheiben und hinter mir her. Ich war schneller. Er gestikulierte. Stumm. Das gesamte Personal gestikulierte stumm. Schließlich bestieg der Ladenmeister ... (Morgner, p. 10)
Lui *correva* ora verso le vetrine, ora dietro a me. Io ero più veloce. Lui *gesticolava*. Senza parlare. Tutto il personale *gesticolava* senza parlare. Alla fine il direttore del negozio salì ...

Sdraiato sulla branda vicina un giovane *fingeva* di leggere, ma in realtà mi *stava spiando* di sopra gli occhiali. Era un giovane dalla faccia rotonda, con un paio di baffetti che mettevano un pretesto di ironia sulle sue labbra; indossava ancora la giubba, non s'era tolto il casco e nemmeno gli stivali. *Fissava,* sì, lo sguardo sulla pagina, ma i suoi occhi *badavano* a non perdere ogni mio lieve movimento. *Fumava* un sigaro. Quel sigaro, sul suo volto fanciullesco, rammentava gli sgorbi che i ragazzi fanno invariabilmente alle figure dei loro libri di scuola. Era stato appunto il fumo del sigaro a svegliarmi, nauseandomi. «Per favore», dissi «il sigaro». (Flaiano, p. 57)

In una mattina di giugno Michele *percorreva* le terre della sua tenuta. Il cane Argo lo *seguiva* a distanza.

b) Non molto dissimili sono i contesti in cui si vuol presentare un'azione non compiuta, non finita, non conclusa, in una parte del suo svolgimento; in tali contesti si usa l'imperfetto che è il tempo dell'indeterminatezza:

Warum wartete er noch? Warum saß er noch in diesem Sessel? Hinter den Scheiben sah er die Dunkelheit mit Lichtern. (Born, p. 59)
Perché *aspettava* ancora? Perché se ne stava ancora seduto in quella poltrona? Dietro i vetri *vedeva* il buio con le luci.

Come furono sotto l'isola, il motore del fuoribordo cominciò a tossire e quindi si spense; il marito si levò in piedi per riaccenderlo. La moglie *guardava* alla confusa massa delle fabbriche ammonticchiate in vetta alla parte più alta dell'isola e alla fine domandò: (Moravia, p. 21)

Guglielmo urlò di rabbia. Caterina *leggeva* impassibile le ultime notizie sul disastro.

c) È interessante ricordare anche quell'uso particolare dell'imperfetto che si trova nelle narrazioni soprattutto storiche e nelle cronache giornalistiche:

Sebastiano Ziani *abdicava* il 12 aprile dell'anno 1178; poco dopo *moriva* nel monastero di San Giorgio Maggiore. (Zorzi, p. 89)

Il campione *atterrava* sullo sci sinistro, male. *Cercava* di correggere la traiettoria alzando il braccio destro. Non ci *riusciva*. Lo sci destro si «*apriva*». Il campione, perso l'equilibrio, si *alzava* in volo, vorticando. (Corrierre della Sera, 2/2/89)

I tempi del perfetto (*passato remoto* per il primo esempio, *passato prossimo* per il secondo) sarebbero ovviamente corretti in questi contesti ma risulterebbero meno enfatici e stilisticamente meno ricercati.

d) Un altro caso che può generare incertezza è quello di un'azione abituale collocata però in un periodo di tempo delimitato. Si sa che di norma l'azione abituale è espressa dall'imperfetto; ma vi sono casi in cui il rilievo dato alla durata dell'arco di tempo, concluso e limitato, nel quale si è svolta un'azione, pure abituale, induce a preferire i tempi del *perfetto*; questi servono appunto per esprimere un'azione finita, compiuta, conclusa, sono i tempi della determinatezza.

Es: – Per tutto l'inverno ogni domenica lo *andò* a trovare in campagna.
   – Negli ultimi due mesi del suo mandato il Presidente lo *ricevette* ogni giorno.
   – In quella settimana *ha giocato* con sua figlia tutti i pomeriggi.

Riguardo all'opportunità di rendere il perfetto con un *passato remoto* o con un *passato prossimo*, vedi *Un acquisto piuttosto grande*, n. 22, p. 75.

32 V – con un'espressione che non era né di trionfo né di paura.

33 V – né di ansia/né di timore

  S Non è appropriata in questo contesto la traduzione di *ängstlich* con «apprensivo», qualità riferita al carattere di una persona e non a situazioni particolari.

34 V − Sorrideva imperterrito

35 V − con la bocca appena/leggermente aperta

36 V − rivolto verso/in direzione degli

37 S Si ricordi che *Fenster* nei mezzi di trasporto come automobile, treno, aereo, è il «finestrino»; nelle chiese è il «finestrone» o la «vetrata»; quest'ultima può essere anche, in casa, la finestra di grandi dimensioni.

38 V − vagone

  S *Wagen* = carrozza, vagone, vettura
  Mentre «carrozza» e «vettura» indicano il veicolo ferroviario adibito esclusivamente al trasporto di persone, «vagone» può indicare anche quello per il trasporto di merci:

  carrozza ⎫
  vettura ⎬ ristorante/letto   vagone merci
  vagone   ⎭

  Per la metropolitana, che è il nostro caso, sono appropriati sia «carrozza» che «vagone» e «vettura»; si ricordi inoltre che «vettura» è anche la forma abbreviata di «autovettura».

39 V − sopra tutte le teste

40 S *Locken* = capelli, chioma
  Abbiamo tradotto *Locken* con «teste» per evitare il bisticcio «capelli/cappelli».
  «Chiome» ci è sembrato un po' troppo ricercato nel nostro contesto.

41 V − «Sognante

42 V − ed attento»

43 V − involontariamente

44 V − immediatamente

45 V − insieme/nello stesso tempo/al tempo stesso

II

Testi
di costume e d'ambiente

12 Zwergrepublik San Marino
Die Bergfestung des Steinmetzes

San Marino, im September – Wenn die Regenten der Zwergrepublik von den Zinnen ihrer Bergfestung zur zehn Kilometer entfernten Adriaküste blicken, sehen sie dort die Basis ihres Wohlstands ausgebreitet: Rimini und die benachbarten Seebäder. Rund 2,8 Millionen Touristen
5 strömen jährlich nach San Marino, das nur 22 400 Einwohner hat. Was die Tagesausflügler an Pasta und Wein verzehren sowie an Souvenirs kaufen – vor allem Briefmarken und Münzen –, macht die Haupteinkünfte der Republik aus.

Auch der Gründer des Staates kam aus Rimini. Der aus Dalmatien ein-
10 gewanderte Steinmetz Marino soll vor der Christenverfolgung der Römer, aber auch vor den Nachstellungen einer «vom Dämon besessenen Sünderin» auf den 749 Meter hohen Monte Titano geflohen sein. Als frommer Eremit soll er sich dort am 3. September 301 mit seiner kleinen Gemeinde endgültig niedergelassen haben. Das Völkchen wuchs rasch,
15 baute Burgen und widerstand allen Versuchen der Unterwerfung. Die «älteste Republik der Welt», wie sich San Marino stolz nennt, feierte nach 1689 Jahren am 3. September wieder ihren Gründungstag mit Gottesdienst, Fahnenschwenken und Armbrustschießen. An Feiertagen paradieren Soldaten der grünrot uniformierten Festungswehr mit Vor-
20 derladern von 1860 und die blaugekleidete Miliz mit Musketen von 1891.

Friedrich Kassebeer

La Repubblica in miniatura di San Marino[1]
La rocca dello scalpellino

San Marino, settembre – Quando i reggenti[2] della Repubblica in miniatura guardano dai merli della loro rocca verso la costa dell'Adriatico, che dista dieci chilometri[3], il loro occhio spazia su Rimini e sulle vicine località[4] balneari, fonte del loro benessere[5]. Ogni anno[6] affluiscono[7] a San Marino, che ha[8] solo[9] 22.400 abitanti, circa due milioni e ottocentomila turisti[10]. Quello che i gitanti[11] consumano in pasta[12] e vino e quello che spendono in[13] souvenirs[14] – soprattutto[15] francobolli e monete[16] – costituisce[17] la principale fonte[18] di reddito[19] della Repubblica.

Anche il fondatore dello Stato veniva da Rimini. Si dice[20] che lo scalpellino Marino, immigrato[21] dalla Dalmazia, si fosse rifugiato[22] sui 749 metri[23] del Monte Titano per sfuggire[24] alle persecuzioni dei Romani contro i cristiani[25] ed anche alle insidie di «una peccatrice posseduta dal demonio»[26]. Lì si sarebbe stabilito definitivamente da[27] pio eremita il 3 settembre 301 con[28] la sua sparuta[29] comunità[30]. La piccola schiera di seguaci crebbe in fretta[31], costruì[32] rocche e resistette[33] a tutti i tentativi di conquista[34]. Il 3 settembre, dopo 1689 anni, «la più antica repubblica del mondo», come si definisce[35] fieramente[36] San Marino[37], ha festeggiato[38] ancora una volta con una messa, con il corteo degli sbandieratori ed il tiro con la balestra[39], il giorno della sua fondazione. Nei giorni di festa sfilano le Guardie di Rocca[40], dall'uniforme[41] rossoverde[42], con le armi[43] ad avancarica del 1860, e la milizia, vestita di blu, con i moschetti del 1891.

1. Osservazioni sul testo

In occasione dell'anniversario della fondazione di San Marino, l'autore, Friedrich Kassebeer, traccia in un articolo uscito nella *Süddeutsche Zeitung* uno schizzo della piccola repubblica: la sua storia, le sue risorse economiche, le sue tradizioni.

2. Consigli per la traduzione

Ricorre più volte nel brano la costruzione con participi attributivi, sia semplici che ampliati da complementi. Si presti particolare attenzione ai diversi possibili modi di rendere in italiano tale costruzione.
Individuare il valore di *sollen* per poi tradurlo adeguatamente. Fare attenzione alla traduzione dell'aggettivo *grünrot*.

3. Varianti e spiegazioni

1 V – San Marino, Repubblica in miniatura
    – La minirepubblica di San Marino
    – La Repubblica in sedicesimo di San Marino

S «In sedicesimo» si dice, in tono un po' scherzoso, di persona o cosa di dimensioni ridotte o di poco valore. L'espressione è presa dal linguaggio tecnico della tipografia, dove indica un formato di stampa corrispondente a sedici doppie pagine per ogni foglio di carta da stampa.

2 S reggenti
Nella Repubblica di San Marino i due capi dello Stato si chiamano «Capitani reggenti».

3 V – **distante** dieci chilometri

4 V – stazioni

5 V – chilometri, **lì vedono estendersi le fondamenta della loro agiatezza: Rimini e le vicine località balneari.**

6 V – Annualmente

7 V – arrivano

8 V – conta

9 V – soltanto/solamente

10 V – Circa 2 milioni e 800 mila turisti affluiscono ogni anno a San Marino, che ha solo 22.400 abitanti.

11 V – i turisti giornalieri

12 S pasta
A proposito di uno dei pilastri della cucina italiana, si ricordi che la «pasta» che può essere «corta, lunga, bucata» – «si butta, si cuoce (possibilmente «al dente»), si scola e si condisce».
Il termine «pasta» indica anche un dolce di piccole dimensioni e di varie forme, generalmente farcito di crema, cioccolata o panna.

13 V – per i

14 S souvenir
Il termine francese è di gran lunga più diffuso rispetto ai suoi corrispondenti italiani, «ricordo, oggetto ricordo, ricordino». (Per altri prestiti dal francese, vedi *Non so esattamente*, n. 24, p. 125)

15 V – per lo più

16 S «Moneta» ricorre in alcuni modi di dire, tra cui:
- pagare in moneta sonante (in contanti)
- prendere qc. per buona moneta (accettare per vero, fidarsi)
- fare moneta falsa per qc. (essere disposto a tutto)
- Farei moneta falsa per sapere quante azioni ha quell'avaro di mio zio Lamberto.
- Guglielmo è talmente ingenuo che prende tutto per buona moneta.

17 V – e i souvenirs che comprano … costituiscono/rappresentano

18 V – la maggior parte del/il grosso del

19 V – degli introiti/delle entrate

20 V – **Lo scalpellino Marino,** immigrato dalla Dalmazia, **si sarebbe rifugiato**

S Per la traduzione del verbo *sollen,* vedi n. 30 di questo testo.

21 V – che era immigrato dalla Dalmazia

S *der aus Dalmatien eingewanderte Steinmetz Marino* = lo scalpellino Marino che era immigrato dalla Dalmazia

Le costruzioni tedesche con il *participio passato attributivo* possono essere rese anche con una *frase relativa*:
– *Der mit großer Verspätung in Rom abgefahrene Schnellzug wird erst am Freitag gegen 16 Uhr in Palermo ankommen.*
– Il rapido che è partito con grande ritardo da Roma sarà a Palermo solo venerdì verso le ore 16.

– *Die in den sechziger Jahren aufgenommenen Schallplatten sind heute eine Rarität.*
– I dischi che sono stati incisi negli anni Sessanta sono oggi una rarità.

22 V – si sia rifugiato

S Il presente nella frase principale («si dice») permette di scegliere nella secondaria tra un passato («si sia rifugiato») o un trapassato («si fosse rifugiato»). Si osservi solo che «si sia rifugiato» si colloca rispetto a «si fosse rifugiato» in un passato meno lontano.

23 S sui 749 metri
La preposizione «su» introduce oltre che il *complemento di luogo,* come nel nostro caso, anche:
a) *il complemento di argomento*
– Il Rettore ha tenuto un discorso sui rapporti tra università e mondo del lavoro.
b) *il complemento di modo*
– Gli Istituti di credito non concedono certo prestiti sulla parola.
c) *i complementi di età e di quantità*
– La protagonista di quel film era una bambina sui dieci anni.
– Il capitale di quell'azienda si aggira sui tre miliardi.

24 V – sfuggendo

S Il verbo *fliehen* a seconda che regga, come qui, le preposizioni *vor* e *auf* deve essere tradotto in italiano con due verbi diversi: «sfuggire a, rifugiarsi su».

25 V – alle persecuzioni **dei cristiani da parte dei Romani**

26 V – «una peccatrice **indemoniata.**»

27 S Per *als*, vedi *La mia Milano*, n. 3, p. 141

28 V – insieme alla

29 V – piccola

30 V – Si dice che si sia/fosse stabilito lì ... con la sua sparuta comunità il 3 settembre 301.

S *als frommer Eremit soll er sich ... niedergelassen haben*
Quando il verbo *sollen* viene usato per esprimere una supposizione, un'ipotesi, una notizia non confermata, in italiano si ricorre alle espressioni «si dice che, pare che» o al condizionale. Quest'ultimo introduce una sfumatura di dubbio più accentuata.

– *Der Minister soll sich mit einer Löwenbändigerin davongemacht haben.*
– Si dice che/pare che il ministro sia scappato con una domatrice di leoni.
– Il ministro sarebbe scappato con una domatrice di leoni.

– *Die Geiseln sollen gestern befreit worden sein.*
– Si dice che/pare che gli ostaggi siano stati liberati ieri.
– Gli ostaggi sarebbero stati liberati ieri.

31 V – velocemente/rapidamente

32 V – edificò

33 V – si oppose

34 V – assoggettamento.

35 V – si autodefinisce

36 V – con orgoglio

37 V – come San Marino si definisce fieramente

38 V – ha celebrato

  S Trattandosi di un articolo che parla di un avvenimento accaduto poco tempo prima, in italiano è d'obbligo usare il *passato prossimo*. (Sull'uso del *passato prossimo,* vedi *Un acquisto piuttosto grande,* n. 22, p. 75)

39 S «Il tiro con la balestra» è una gara che rievoca, come molte altre manifestazioni folkloristiche simili, usanze e costumi dell'età comunale (XI– XIII sec.). Scenario naturale per tali spettacoli sono città come Siena con il suo famoso Palio, Ascoli Piceno con il Torneo cavalleresco della Quintana e Gubbio con la Corsa dei Ceri e il Palio della Balestra.

40 S Nome di un antico corpo militare della Repubblica.

41 V – divisa

42 V – rosso-verde

  S Talvolta in italiano l'*aggettivo di colore composto* segue nella combinazione dei due elementi un ordine diverso da quello tedesco:

rotweiß	biancorosso
blauweiß	biancoazzurro
schwarzweiß	bianconero
blauschwarz	neroazzurro
schwarzrot	rossonero

  Queste combinazioni ricorrono soprattutto in riferimento ai colori delle organizzazioni di club e delle squadre sportive, in particolare calcistiche.
  Si ricordi che al plurale soltanto il secondo elemento viene concordato con il nome a cui si riferisce.

43 V – **con l'**uniforme rossoverde **e le** armi

13 Ich weiß nicht genau, …

Ich weiß nicht genau, woran es liegt, daß ich mich in Mailand so wohl fühle, obwohl viele Italiener und auch viele Nordländer dieser Stadt jeden Charme absprechen und ihr nur die Tugend der Tüchtigkeit zugestehen.

5 Mir gefällt die unglaubliche Lebendigkeit des Stadtzentrums, wo die kostbaren Zeugen der Vergangenheit – Römersäulen und Barockportale, romanische Basiliken und neoklassizistische Paläste –, von gleichgültigen oder häßlichen modernen Gebäuden umgeben, mitten im Verkehrsstrom stehen und sich nur dem neugierigen Blick des Spaziergän-
10 gers zeigen. Und Spaziergänger sind in dieser fleißigen und geschäftigen Stadt selten. Mich verlockt aber keine andere italienische Stadt mehr zum Spaziergehen als gerade Mailand, weil hier die manchmal fast zu vollkommene Reiseprospekt-Schönheit anderer italienischer Städte fehlt, weil man hier Lust bekommt, die verborgenen
15 Schönheiten selbst zu entdecken.
Dazu kommt, daß es in der Mailänder Innenstadt die schönsten Bars von ganz Italien gibt. Diese blitzsauberen Bars, von denen jede ihren eigenen Charakter hat, machen den Stadtkern für mein Gefühl zu einem großen wohnlichen Salon, in dem man jederzeit eine Theke fin-
20 det, an der man etwas trinken oder essen oder auch ein paar Worte wechseln kann. Diese Bars sind ein Emblem für die Leichtigkeit der sozialen Kontakte: das zeigen schon ihre Glaswände, welche die Grenze zwischen innen und außen aufheben und ihre fast immer offenen Eingangstüren. Die Bar ist eine Art Fortsetzung der Straße; man kennt hier
25 keinen Konsumationszwang, sondern tritt auch ein, um einen Freund zu grüßen, Zigaretten zu kaufen oder zu telefonieren. Die Bar hat auch etwas von einer kleinen Bühne, auf der die Kunden die Schauspieler sind; man steht und bewegt sich, geht zur Kasse, um die Konsumation zu bezahlen und sieht sich in vielen Spiegeln gespiegelt.

Alice Vollenweider

Non so esattamente[1] ...

Non so esattamente quale sia la ragione per cui[2] a Milano io mi trovo bene[3], anche se[4] molti in Italia e nei paesi nordici[5] le[6] negano ogni fascino e le concedono[7] solo la virtù[8] dell'operosità[9].

A me[10] piace la straordinaria[11] vitalità[12] del centro, dove le preziose testimonianze del passato − colonne romane e portali barocchi, basiliche romaniche e palazzi neoclassici − circondate da edifici moderni, anonimi[13], o brutti, stanno in mezzo ad un traffico continuo ed incessante[14] e si mostrano[15] solo allo sguardo[16] curioso di chi va a passeggio[17]. E sono pochissimi quelli che vanno a passeggio in questa città[18] attiva[19] e laboriosa[20]. Ma proprio nessun'altra città mi invita[21] più di Milano ad andare a spasso[22], perché qui manca quella bellezza[23] da dépliant[24] turistico, a volte[25] quasi troppo perfetta, di altre città italiane, perché qui viene voglia di scoprire da soli le bellezze nascoste[26].

Nel cuore[27] di Milano, inoltre[28], ci sono i bar più belli[29] di tutta Italia[30]. Per me[31] questi bar lucidi come specchi[32] − ognuno[33] ha un suo carattere particolare − fanno del centro un grande e comodo[34] salotto[35] in cui si trova sempre[36] un banco[37] dove[38] poter bere e mangiare qualcosa, o anche scambiare due[39] parole[40]. Questi bar sono l'emblema[41] della facilità dei contatti sociali: già lo[42] dimostrano[43] le vetrate[44] che annullano[45] il confine tra l'interno e l'esterno[46], e le porte[47], quasi sempre aperte. Il bar è una sorta[48] di continuazione[49] della strada; qui non si è obbligati a consumare[50], ma si entra anche per salutare un amico, per comprare le sigarette[51] o per telefonare. Il bar assomiglia anche ad[52] un piccolo palcoscenico, dove[53] i clienti sono gli attori; si sta in piedi e ci si muove[54], si va alla cassa per pagare la consumazione e ci si vede riflessi[55] in molti specchi.

1. Osservazioni sul testo

Il testo che segue rientra nel genere dei diari di viaggio. Alice Vollenweider, giornalista e autrice di saggi di critica letteraria nella *Neue Zürcher Zeitung*, racconta le sue impressioni su un'insolita meta turistica, Milano, e sui suoi bar, luoghi d'incontro e di comunicazione.

Il lessico è di conseguenza legato all'architettura della città e allo spazio «bar», in una parola all'ambiente cittadino. La sintassi non presenta problemi; i verbi sono tutti al presente.

2. Consigli per la traduzione

Il brano contiene dei termini la cui resa può rivelarsi problematica: *Nordländer, Tüchtigkeit, Spaziergänger, Gefühl, Blick, Konsumationszwang*. Per tradurre queste parole, infatti, non basterà consultare il vocabolario, converrà anche sfruttare appieno il bagaglio delle proprie conoscenze.

Si individuino le frasi in cui compare il pronome *man*, se ne determini il valore caso per caso e con l'ausilio di una grammatica si pensi alle possibili traduzioni di tali frasi.

3. Varianti e spiegazioni

1 V – bene/precisamente

2 V – da cosa dipenda il fatto che

3 V – io sto/mi sento bene

    S Qui la presenza del pronome personale soggetto «io» è giustificata dal fatto che l'autrice vuole sottolineare che lei, al contrario di altri, si trova bene a Milano.

4 V – benché ... neghino ... concedano

5 S Non ci è sembrato appropriato tradurre qui con «nordici» o con «popoli del Nord», termini frequenti soprattutto nel linguaggio etnico-geografico.

Avendo scelto di rendere *viele Nordländer* con «molti nei paesi nordici», si è dovuto ricorrere, ovviamente, anche prima a «molti in Italia» come traduzione di *viele Italiener*.

6 V – negano a questa città

7 V – nei paesi nordici **la considerano una città priva di fascino e le riconoscono**

8 V – la sola virtù

9 V – della laboriosità.

   S *Tüchtigkeit* = bravura; capacità, abilità
Nel significato di questo termine sono comprese le qualità dell'abilità, della capacità, dello zelo e della diligenza che abbiamo pensato di rendere, nel nostro caso, con i concetti di «laboriosità/operosità».
Inoltre si noti che all'aggettivo *tüchtig* corrispondono in italiano:
– *eine tüchtige Hausfrau* – una brava massaia
– *eine tüchtige Portion* – una bella porzione, una porzione abbondante
– *ein tüchtiger Kerl* – un tipo in gamba

Come avverbio *tüchtig* si rende anche con «molto/forte»:
– *es regnet tüchtig* – piove forte
– *tüchtig essen* – mangiare molto

10 V – Mi

   S La variante «mi» – forma atona del pronome – è meno forte. Quando invece si vuole dare particolare rilievo al pronome si usa la forma tonica.
Es: – Come? Date la colpa a noi?
    – Che l'abbia detto a voi, è sicuro.

La forma tonica, inoltre, si usa quando si vogliono mettere in contrasto tra loro dei pronomi.
Es: – A voi piace giocare a bridge, a noi a briscola.
    – Guarda me, non te, stupida!

11 V – l'incredibile

12 V – animazione

13 V – insignificanti

14 V – in mezzo **al flusso/alla corrente del traffico**

15 S *sich zeigen* = mostrarsi
Non sempre il tedesco e l'italiano concordano – come in questo caso – nell'uso delle forme riflessive; ci sono verbi riflessivi in tedesco e non in italiano:

sich ändern	cambiare
sich aufhalten	soggiornare
sich gedulden	pazientare

e altri che lo sono in italiano ma non in tedesco:

accomodarsi	*Platz nehmen*
bagnarsi	*baden/naß werden*
chiamarsi	*heißen*
fermarsi	*stehenbleiben*
pentirsi	*bereuen*
spaventarsi	*erschrecken*
svegliarsi	*aufwachen*

16 S *Blick* = sguardo, occhiata
Nel nostro contesto è possibile solo «sguardo» che indica il puro e semplice atto di guardare, mentre «occhiata» è l'atto rapido di guardare.
Es: – Il marinaio teneva lo sguardo fisso sull'orizzonte.
    – L'investigatore privato con un'occhiata si assicurò che nessuno lo vedesse entrare nella casa.

Ma «dare un'occhiata/uno sguardo» come espressioni figurate si equivalgono.
Es: – È mezzanotte e non ho potuto neanche dare uno sguardo/ un'occhiata al giornale.

17 V – a spasso.

S *Spaziergänger* = chi va a passeggio, passeggiatore (passeggiatrice)
Le forme «passeggiatore» e «passeggiatrice» non sono più usate nella lingua corrente. La forma femminile si è ridotta, insieme a «peripatetica», ad un eufemismo per «prostituta di strada».

18 V − E quelli che vanno a passeggio in questa città ... sono pochissimi.
 − E sono rare le persone che vanno a passeggio in questa città
 − E pochissimi vanno a passeggio in questa città

19 S *fleißig* = diligente, zelante
 Qui si è ricorso ad «attivo» in quanto «diligente» e «zelante» non si combinano con «città»; un alunno, un impiegato possono essere «diligenti/zelanti»; un lavoro, una ricerca possono essere «diligenti», cioè fatti con diligenza.

20 V − operosa.

21 V − mi attira

22 V − più di Milano a **passeggiare**

23 S Traduciamo *die Schönheit* con «quella bellezza» perché segue poi la determinazione «da dépliant» che precisa di quale bellezza si tratti.

24 S dépliant
 Prestito dal francese di cui esiste un equivalente italiano «pieghevole» (pubblicitario), raramente usato.

 Tra i numerosi prestiti dal francese, eccone alcuni dei più comuni:

abat-jour	charme	garage
atelier	collant	menu
avance	dessert	omelette
beige	forfait	réclame
bignè	foulard	roulotte
biberon	frappé	tournée
chalet	gaffe	tailleur

25 V − talvolta/qualche volta/talora

26 S *weil man hier Lust bekommt, die verborgenen Schönheiten selbst zu entdecken* = qui viene voglia di scoprire da soli le bellezze nascoste
 Si noti che in contesti di tipo impersonale l'italiano tende a generalizzare il predicativo usando il plurale, come nel caso di:
 − Bisogna essere onesti.
 − Non serve essere bravi se non si è fortunati.

27 V − centro

28 V − poi/per giunta

S Si è preferito rendere con un avverbio l'espressione *dazu kommt* («a ciò si aggiunge/aggiunga che») per conferire alla frase una maggiore agilità.

29 V − i più bei bar

30 V − di tutta l'Italia.

31 V − Secondo me

S *für mein Gefühl* = per me, secondo me
　Es: − *Für mein Gefühl wird Juventus Turin dieses Jahr nicht italieni-*
　　　scher Fußballmeister.
　　　− Per me la Juventus quest'anno non vincerà lo scudetto.

　　　− *Für mein Gefühl bist du heute zu leicht angezogen.*
　　　− Secondo me, oggi, sei vestito troppo leggero.

Gefühl = sensazione; sentimento
Mentre l'espressione *für mein Gefühl* non crea difficoltà, il termine *Gefühl* spesso viene tradotto con «sentimento» anche dove si dovrebbe usare «sensazione». Per «sensazione» si intende un'esperienza, un'emozione di particolare forza e intensità sia sul piano fisico che su quello interiore (una sensazione di freddo, di paura, di piacere, di nausea); per «sentimento» un aspetto della nostra vita interiore, un moto dell'animo (un sentimento di orgoglio, di gioia, di odio, di vendetta).
Es: − Ho la sensazione che tutto finirà per il meglio.
　　　− Entrando in quella stanza gelida, ho avuto una sensazione di freddo.
　　　− Il sentimento della Patria è vivo in tutti noi.
　　　− Ripensando a tutto quello che avevano fatto per lui, provò un sentimento di gratitudine.

32 V − bar pulitissimi

33 V − ciascuno dei quali

34 V − confortevole

35 S salotto

Questo termine viene usato estensivamente per indicare riunioni, incontri mondani o culturali, periodici o no, ed anche le persone che vi partecipano:

- Il salotto milanese della contessa Maffei era molto celebre nella Milano dell'Ottocento.
- Mia zia Carolina tiene salotto ogni giovedì.

Ma in senso spregiativo «salotto» è sinonimo di ambiente frivolo e superficiale o di persone prive di vera cultura:

- chiacchiere da salotto
- pettegolezzi da salotto
- artisti da salotto

36 V − in qualsiasi momento/a qualsiasi ora

37 V − bancone

S *Theke* = banco, bancone
Ma preferiamo «banco» sembrandoci il termine più comunemente usato.

38 V − a cui

39 V − qualche parola.

40 V − dove si può bere e mangiare qualcosa o dove si possono anche scambiare due parole.

S si possono anche scambiare due parole
Qui la particella «si» ha valore passivante, si tratta cioè di un tipo di costruzione passiva: due parole possono essere (o venire) scambiate.
In questo caso quando il verbo si riferisce ad un soggetto plurale, esso deve essere coniugato alla terza persona plurale:

- Si sente abbaiare il cane in giardino.
- Si sentono abbaiare i cani in giardino.

Ma se sostituiamo «i cani» con il pronome personale, dovremo dire:

- Li si sente abbaiare in giardino.

41 V − il/un simbolo

S Il sostantivo «emblema» generalmente si trova preceduto dall'articolo determinativo.

42 S *Das* – quando è complemento oggetto come nel nostro caso – viene spesso reso in italiano con il pronome «lo» anziché con il dimostrativo.

43 V – provano

44 V – le loro vetrate

45 V – fanno sparire

46 V – tra dentro e fuori

47 V – le loro porte

48 V – specie

49 V – prolungamento/prosecuzione/proseguimento

S Gli ultimi due termini sono meno comuni.

50 V – non si è costretti a consumare
– nessuno ti obbliga a consumare
– non c'è l'obbligo di consumare

51 S Si noti la presenza in italiano dell'articolo determinativo, usuale in questa espressione. Invece «comprare delle sigarette» induce a pensare ad un gesto non abituale.

52 V – Il bar ha anche qualcosa di

53 V – su cui

54 S ci si muove
Il pronome impersonale «si», in presenza della forma riflessiva (terza singolare) di un verbo, si trasforma in «ci», come nel nostro caso.

Si ricordi un'altra particolarità della costruzione con «si» impersonale: quando i verbi «essere/diventare/sembrare» accompagnano il «si», il verbo è coniugato alla terza persona singolare, mentre l'aggettivo o il nome sono al plurale maschile:
– Si diventa antipatici a far sempre prediche.

Se però il «si» si riferisce chiaramente ad un nome femminile, l'aggettivo va al plurale femminile:
– Se non si è magre, è difficile seguire le follie della moda.

55 V – rispecchiati

14 Die Chancen der Kleinen

Dem Freiheitsdrang der Völker stehen manche Politiker bemerkenswert hilflos gegenüber. In vielen Diskussionen über die Entwicklung in Jugoslawien und in der Sowjetunion wird nicht nur an Stammtischen die naiv klingende, aber auf den außenpolitischen Kern zielende Frage ge-
5 stellt: «Dürfen die das denn?»

Ob sie es dürfen oder nicht, das hängt unter anderem davon ab, mit welcher Sympathie die Regierungen des freien Teils der Welt den Zerfall der ihnen bekannten (und daher möglicherweise auch liebgewordenen) Ordnungsmuster der politischen Weltkarte betrachten. Dem Ökono-
10 men stellt sich eher die Frage: «Können sich die Slowenen und Kroaten, die baltischen Länder und die südlichen Sowjetrepubliken überhaupt aus ihrem Staats- und Wirtschaftsverband lösen, ohne in eine tiefe und dauerhafte Versorgungskrise zu stürzen?» Und mit dem Blick auf die Europäische Gemeinschaft mag sich manchem auch die Frage aufdrän-
15 gen: Ergeben sich aus dem Zerfall der Ordnungsmuster in Mittel- und Osteuropa Lehren für das Tempo und die Bedingungen der weiteren Integration der Gemeinschaft?

Auch bei der Betrachtung der politischen Landkarte kann sich der Ökonom auf den Erfahrungssatz berufen: Größe allein sagt über die
20 Leistungsfähigkeit noch nicht viel. Das gilt für Unternehmen wie für Staaten. In einer Weltwirtschaftsordnung ohne Handelsschranken und ohne gezielte Benachteiligung einzelner Länder oder Ländergruppen haben auch die Kleinen die Chance, ihren Einfallsreichtum, ihre besonderen Fähigkeiten und ihre Zuverlässigkeit im Wettbewerb auszu-
25 spielen.

Hans D. Barbier

130

Le occasioni[1] dei piccoli

Di fronte alle aspirazioni[2] di libertà dei popoli più di un politico[3] rimane[4] incredibilmente[5] perplesso[6]. In molte discussioni sugli ultimi sviluppi[7] in Jugoslavia[8] e in Unione Sovietica, la domanda «Ma possono farlo?», che sembra tanto ingenua, ma che arriva[9] dritta alla questione[10] centrale[11] di politica estera, non si sente[12] solo al bar tra amici[13].

Se possono[14] o no dipende, tra l'altro[15], dalla simpatia con cui[16] i governi dei Paesi democratici[17] considerano[18] il crollo[19] dei modelli[20] di ordinamento a loro noti[21] (e a cui perciò forse[22] si sono affezionati[23]) della carta politica[24] del mondo. All'economista si pone piuttosto la domanda: «Gli Sloveni e i Croati, i Paesi baltici e le repubbliche sovietiche meridionali possono staccarsi[25] dall'unione[26] politica ed economica cui appartengono senza precipitare[27] in una crisi degli approvvigionamenti profonda e duratura[28]?» E considerando[29] la Comunità Europea, forse[30] più di qualcuno sarà costretto anche a chiedersi[31]: dal crollo dei modelli di ordinamento nell'Europa centrale ed orientale si possono trarre[32] degli insegnamenti sui[33] tempi[34] e sulle condizioni per l'[35]ulteriore integrazione della Comunità?

Anche osservando[36] la carta politica, l'economista può richiamarsi[37] alla massima empirica[38]: la grandezza da sola[39] non dice ancora molto sull'efficienza. Questo[40] vale[41] per le imprese come per gli Stati[42]. In un'organizzazione economica mondiale che non abbia barriere commerciali[43] e che non sfavorisca intenzionalmente[44] singoli Paesi[45] o gruppi di Paesi, anche i piccoli hanno la possibilità di partecipare al gioco[46] con la loro ingegnosità[47], le loro particolari capacità e la loro affidabilità in concorrenza[48] con gli altri.

1. Osservazioni sul testo

In un articolo di fondo della *Frankfurter Allgemeine Zeitung*, Hans D. Barbier considera le possibilità, in Europa, di sopravvivere e di affermarsi di quei piccoli popoli che aspirano all'indipendenza. Nella sua analisi il giornalista giunge alla conclusione che questi popoli, proprio grazie alla loro ridotta consistenza numerica, saranno i favoriti dal punto di vista economico.

Il testo, scritto al presente ed estremamente tecnico, è un susseguirsi continuo di termini politici, economici e giuridici.

2. Consigli per la traduzione

Per i termini *Freiheitsdrang, Ordnungsmuster, Versorgungskrise, Leistungsfähigkeit, Wirtschaftsordnung* si dia una prima traduzione intuitiva e poi si cerchi con l'aiuto dei vocabolari di esprimere nel modo più efficace il concetto in questione.

Si affronti con particolare attenzione la resa di *das hängt ... davon ab, mit welcher Sympathie* e di *bei der Betrachtung*.

3. Varianti e spiegazioni

1 V – chances/opportunità
(Per i prestiti dal francese, vedi *Non so esattamente*, n. 24, p. 125)

2 V – **al desiderio ardente** di libertà

3 V – **alcuni politici rimangono/sono** incredibilmente **perplessi.**

4 V – è

5 V – **Stupisce il fatto che di fronte** ... **rimanga perplesso.**

   S «Notevolmente», possibile traduzione di *bemerkenswert*, non si adatta al nostro contesto.

6 V – smarrito.

7 V – avvenimenti

8 V − Iugoslavia

9 V − va

10 V − all'argomento

11 V − essenziale

12 V − non viene fatta/posta
  − non circola

13 S Nessuna delle possibili traduzioni del termine *Stammtisch*: «tavolo fisso», «solita tavolata», «giorno fisso di riunione in un locale»,
si adatta al nostro contesto; si è pensato di renderlo con «al bar
tra amici». Mentre nel mondo germanico c'è l'usanza dello
Stammtisch, in Italia ci si incontra al bar, non necessariamente ad
un'ora fissa, né intorno ad un tavolo. Anche qui, però, si parla del
più e del meno e «si fa politica».

14 V − possano

15 S Si è sentita qui la necessità di aggiungere le due virgole per dare
maggiore agilità alla frase. In italiano, del resto, è consentita una
certa libertà nell'uso della virgola; si notino tuttavia dei casi in cui
essa è generalmente presente:
a) *nelle enumerazioni*
   Es: − Nel giro di un anno si sono dimessi il Ministro degli
   Esteri, quello del Tesoro, il Segretario del Partito di mag-
   gioranza e il Presidente del Senato.

b) *negli incisi*
   Es: − Federico, ormai tutti lo sanno, sposerà Maria a maggio.

c) *col vocativo*
   Es: − Signor commissario, mi creda!

d) *con un'apposizione*
   Es: − Vendettero anche la villa, ultimo bene del loro grande
   patrimonio.

e) *con i termini di una coordinazione*
   Es: − Non sembrava triste, ma preoccupato.

f) *con nomi o frasi che precisano delle circostanze*
Es: − Così gridai, sulla spiaggia, sotto l'ombrellone, davanti ad un mare cupo e minaccioso.

g) *quando in una frase si sottintende il verbo della precedente*
Es: − Ho usato questa vernice, non quella.

h) *dopo «sì, no, bene»*
Es: − Bene, lo farò io.

16 S Una traduzione letterale qui non è possibile: la sintassi non consente di legare «da» (preposizione retta dal verbo «dipendere») ad una frase interrogativa introdotta da «con quale».

17 V − governi **della parte libera del mondo**

18 V − osservano/guardano al

19 V − la disgregazione

20 V − delle forme

21 V − conosciuti

22 V − probabilmente

23 V − e che perciò forse gli sono diventati cari

24 S Riguardo alla *posizione dell'aggettivo attributivo* si noti che esso può seguire il nome, posizione postnominale, o precederlo, posizione prenominale. La *posizione postnominale* è la più frequente e, per alcuni aggettivi, l'unica possibile; è il caso degli aggettivi, per esempio
a) *in: -ale, -are, -ico* (è questo il nostro caso), *-ario*
come: stradale, vascolare, fotografico, ferroviario

b) *locativi:*
destro, anteriore, centrale

c) *di colore:*
bianco, rosso, rosa (ma in contesti poetici: Bianco Natale, la bianca neve, bionda chioma)

d) *di forma:*
rotondo, quadrato

e) *di nazionalità:*
spagnolo, russo (ma in contesti poetici: l'italico suolo)

È il caso inoltre dei

f) *participi passati usati come aggettivi:*
panni lavati, mele cotte

La *posizione prenominale* è invece d'obbligo per aggettivi come:
a) *i numerali cardinali*
(ma nell'uso commerciale: litri due di latte)
b) *i numerali ordinali*
(ma nei libri: capitolo primo, parte terza, paragrafo quinto)

c) *gli indefiniti*
Per quegli aggettivi che possono sia precedere che seguire il nome, bisogna osservare che in posizione prenominale sono non-restrittivi, mentre in posizione postnominale sono restrittivi.
Es:
1) – Le segretarie efficienti di quella ditta lavorano anche il sabato.
2) – Le efficienti segretarie di quella ditta lavorano anche il sabato.
Cioè:
1) solo le segretarie di quella ditta che sono efficienti lavorano anche il sabato;
2) tutte le segretarie di quella ditta sono efficienti e lavorano anche il sabato.
Analogamente, al singolare l'aggettivo preposto aggiunge sul piano semantico (il vecchio cappello), ma non caratterizza il sostantivo opponendolo implicitamente ad altro, come invece accade con l'aggettivo posposto (il cappello vecchio, non quello nuovo).
Questa differenza si riduce però, fino a scomparire, nel caso di sostantivi preceduti da articolo indeterminato o privi di articolo (un vecchio cappello = un cappello vecchio).
Diverso è il caso di quegli aggettivi il cui significato muta in relazione alla loro posizione pre- o postnominale in combinazione con certi nomi.

Es: − Sono arrivati diversi dischi (parecchi).
    − Sono arrivati dischi diversi (di vario tipo).

    − Si tratta di un'occasione unica (speciale).
    − Si tratta di un'unica occasione (solo una).

    − Era una semplice domanda (soltanto una domanda).
    − Era una domanda semplice (facile).

25 V − separarsi

26 V − dalla federazione

27 V − piombare/cadere

28 V − durevole?

29 V − pensando alla/con il pensiero alla

S Si è fatto ricorso a «pensiero» per restare il più vicino possibile all'immagine del testo di partenza.

30 V − **probabilmente** più di qualcuno sarà costretto anche a chiedersi
    − a più di qualcuno può/potrà imporsi anche la domanda
    − più di qualcuno non può/potrà fare a meno anche di chiedersi

S Abbiamo reso con «forse» e «probabilmente» l'idea di supposizione, di ipotesi che ha in questo caso *mögen*. Questa idea consente anche l'uso del futuro.

31 V − domandarsi

32 V − orientale **vengono** degli

33 V − circa i tempi e le condizioni

34 S In italiano si usa il plurale «tempi» quando si vuole indicare ogni singolo momento, ogni singola fase di cui si compone un'azione, la gradualità di un processo (in questo caso l'integrazione europea).

35 V − di un'

36 V – guardando/nell'osservare

37 V – appellarsi/fare appello

38 V – dettata dall'esperienza

39 V – la sola grandezza

40 V – Ciò

41 V – è vero

42 V – sia per le imprese che per gli Stati.

43 V – senza ostacoli al commercio

44 V – volutamente

45 V – **senza barriere commerciali e senza svantaggi intenzionali per** singoli

46 V – di giocare la carta dell'ingegnosità, delle particolari capacità e dell'affidabilità

47 V – ricchezza di idee

48 V – competizione

S Ricordiamo alcune espressioni con *Wettbewerb*:

außer Wettbewerb	fuori concorrenza
freier Wettbewerb	libera concorrenza
im Wettbewerb stehen	essere in concorrenza con qd.
mit jd. in Wettbewerb treten	entrare/mettersi in concorrenza con qd.

15 Mein Mailand

Die Stadt, die ich seit mehreren Jahren als meinen vorläufig definitiven Wohnort angebe, heißt Mailand.

Ich drücke mich hier absichtlich in einem vorsichtigen Polizeistuben-deutsch aus, um meine Bindung an die Hauptstadt der Lombardei mög-lichst wahrheitsgetreu darzustellen. Ich kann nicht behaupten, daß ich in Mailand lebe. Von den zwölf Monaten des Jahres bin ich mindestens sechs nicht hier. Andrerseits absolviere ich hier einen Großteil des Pen-sums meiner bürgerlichen Existenz, wie eben: Wohnunghalten, Fami-lienleben, Steuerzahlen. Für keine dieser Obliegenheiten bietet Mailand Vorteile. Die Mieten sind hier außerordentlich hoch, ebenso die Steuern. Für ein geruhsames Leben ist die Stadt zu groß, zu tumultös. Für ein Großstadtleben wieder ist sie zu klein, zu provinziell. Man kann natürlich auch umgekehrt sagen: Mailand ist eine Stadt mit allen Rei-zen einer Großstadt und der intimen Atmosphäre einer Kleinstadt. Aber das nimmt einem keiner ab, obwohl 's merkwürdigerweise wahrer ist, als es klingt.

Aus Gründen, um die man mich nicht zu beneiden braucht, war und bin ich in der Lage, mir meinen Wohnort zu wählen. Praktische Erwä-gungen haben mich dabei nicht nach Mailand geführt. Mailand ist be-kanntlich eine Industrie- und Handelsstadt mit besonders reger Ge-schäftätigkeit in Textilien, im Maschinenbau, in Chemikalien, Gum-miwaren, Möbeln, der Bekleidungskonfektion, dem Bank-, Versiche-rungs- und Verlagswesen und was nicht noch alles. Weltberühmt ist das Opernhaus der Scala, fast ebenso das Fußballteam «Milan». Ich aber bin weder Industrieller noch Opernsänger, auch nicht Maschinenbauer, Designer, Modeschöpfer, Antiquitätenhändler, Bank-, Versicherungs- oder Verlagskaufmann und kein Fußballsüchtiger. ▷

La mia Milano[1]

La città che da parecchi[2] anni indico quale residenza[3] provvisoriamente definitiva si chiama Milano.

Adopero[4] di proposito[5] un tedesco prudente[6], da posto di polizia[7], per descrivere nel modo più fedele[8] ciò che mi lega al capoluogo[9] lombardo[10]. Non posso affermare[11] di vivere[12] a Milano. Trascorro altrove almeno sei dei dodici mesi dell'anno[13]. D'altra parte è qui che assolvo[14] alla maggior parte dei compiti della mia esistenza[15] borghese[16]: mantenere un appartamento, vivere con la famiglia, pagare le tasse[17]. Per nessuna di queste incombenze[18] Milano offre vantaggi[19]. Gli affitti[20] sono estremamente[21] alti, le tasse anche[22]. Per una vita tranquilla[23] la città è troppo grande e rumorosa[24], e d'altra parte[25] per una vita da metropoli[26] è troppo piccola, troppo provinciale. Naturalmente si può anche dire, al contrario, che Milano è[27] una città con tutte le attrattive[28] di una grande città e con l'atmosfera intima di una città di provincia[29]. Nessuno ci crederà[30], anche se[31], stranamente[32], è più vero di quanto sembri[33].

Per ragioni[34] non certo invidiabili[35] ho potuto e posso[36] scegliermi il luogo di residenza[37]. Non sono state delle considerazioni pratiche, in questa mia particolare situazione[38], a portarmi[39] a Milano[40]. Come tutti sanno[41], Milano è una città industriale e commerciale con un'attività economica particolarmente intensa[42] nel settore[43] dei prodotti tessili[44], delle costruzioni meccaniche, dei prodotti chimici, degli articoli di gomma, dei mobili, delle confezioni, delle banche[45], delle assicurazioni, dell'editoria e di mille altre cose ancora[46]. Famosissimo è il Teatro alla Scala[47], quasi altrettanto la squadra di calcio del Milan[48]. Ma io non sono né industriale, né cantante lirico e neanche ingegnere meccanico, né designer, né creatore di moda, né antiquario, né impiegato di banca, né assicuratore[49], né uno che lavora in una casa editrice e neppure un fanatico del calcio. ▷

Ich will mit alledem nicht künstlich die Frage spannend machen, warum ich denn in Mailand wohne. Natürlich kann ich die Motive nennen,
30 die mich hergebracht haben und vorderhand hier festhalten. Es sind sehr persönliche Motive, die sofort ein verständnisvolles: «Ach so!» auslösen würden. Praktisch sind sie aber doch so wenig zwingend, daß es ehrlicher ist zu sagen, Mailand sei mir als Wohnort gewissermaßen zugefallen, es habe sich so ergeben − als ehemaliger Österreicher bin ich
35 versucht, es so auszudrücken: Es ist halt passiert, daß ich hier wohnhaft geworden bin. Will man das nicht für die schiere Schlamperei halten, so bleibt nur noch übrig, die eigentlichen Beweggründe im Metaphysischen zu vermuten.

Gregor von Rezzori

1. Osservazioni sul testo

Gregor von Rezzori, «uno degli ultimi esemplari di una razza di scrittori in via di estinzione: quella degli scrittori cosmopoliti», come lo definisce Ladislao Mittner*, cerca di spiegare perché vive a Milano e perché è legato da profonda simpatia a questa città industriale. Il brano, quasi tutto al presente, è un caleidoscopio di lessico, prezioso per esercitare e ampliare le proprie competenze in questo campo. Troviamo infatti termini burocratici, economici, sportivi accanto a termini più comuni. Il breve cenno alla Scala e al Milan invitano ad approfondire aspetti significativi della cultura e della vita in Italia.

2. Consigli per la traduzione

Si analizzino nel testo i casi in cui ricorre *als*. Poi, servendosi anche di una grammatica, si completi l'argomento cercando altri usi e altre funzioni di *als*.
Nelle ultime righe del brano compare spesso la particella *so*; si rifletta bene, prima di tradurla, sul suo valore nelle espressioni di cui fa parte.

---

* Mittner L., *Storia della Letteratura Tedesca*, T. III/2, Torino (Einaudi PBE), p. 1688

Con questa premessa[50] non voglio creare artificiosamente della suspen-se[51] intorno alla domanda, come mai io abiti[52] a Milano. Naturalmente 30 posso dire[53] i motivi che mi ci hanno portato e che mi trattengono, per il momento[54], qui. Sono ragioni[55] molto personali che subito susciterebbe-ro[56] un «ah, davvero!» pieno di comprensione. Ma in pratica[57] sono così poco convincenti[58] che è più onesto dire che Milano mi è, in qualche modo[59], capitata[60] come luogo di residenza, che è andata[61] così; anzi, da 35 ex austriaco, sono tentato di dire[62]: è successo[63] che mi sono stabilito qui[64] e basta. Se non si vuole prendere[65] questa spiegazione[66] per pura sciatteria[67], non resta[68] che supporre[69] che le vere ragioni siano di natura metafisica[70].

La traduzione infine del termine *das Metaphysische* potrebbe costituire una difficoltà. Ci si aiuti leggendo la nota 70; si cerchino altri esempi di aggettivi sostantivati tedeschi e se ne trovi l'equivalente in italiano.

3. Varianti e spiegazioni

1 S Si ricordi che i nomi delle città sono di genere femminile e non hanno l'articolo a meno che non siano accompagnati da una spe-cificazione o l'articolo sia parte integrante del nome.

2 V – molti/diversi/vari

3 V – **come** residenza

S *als* = come, da, in qualità di, quale
All'uso di *als* per introdurre un complemento predicativo posso-no corrispondere in italiano varie preposizioni, locuzioni o peri-frasi.
Es: – *Als Direktor kann er sich gut durchsetzen, aber als Ehe-mann*...
– Come direttore riesce ad imporsi, ma come marito...

– *Als Kind wollte ich Flieger werden.*
– Da bambino volevo fare l'aviatore.

– *Damals sprach er als erfahrener Redner.*
– In quell'occasione parlò da oratore consumato.

– *Als Vorsitzender erkläre ich die Sitzung für eröffnet.*
– In qualità di/Come Presidente dichiaro aperta la seduta.

– *Er war als Vertreter des Ministers anwesend.*
– È intervenuto quale (come/in qualità di) rappresentante del ministro.

– *Der Bauer als Millionär weiß sein Geld gut anzulegen.*
– Il contadino milionario sa investire bene i suoi soldi.

– *Als Kind einer reichen Familie konnte er im Ausland studieren.*
– Essendo di famiglia ricca potè studiare all'estero.

– *Ich habe sie nach acht Jahren als Kellnerin in einem Gasthaus wiedergesehen.*
– Dopo otto anni l'ho rivista che faceva la cameriera in una trattoria.

S *Wohnort* = residenza, domicilio
La «residenza» indica il luogo in cui una persona è iscritta alle liste anagrafiche del comune, mentre il «domicilio», che si riferisce alla sfera professionale, indica la sede principale degli affari e degli interessi. «Residenza» e «domicilio», ovviamente, possono anche coincidere.

4 V – Mi esprimo ... in un tedesco

5 V – intenzionalmente/apposta

6 V – cauto

7 S Si usa parlare per la Polizia di «posto di polizia» e per i Carabinieri di «stazione dei carabinieri». Ci sembra utile ricordare brevemente le funzioni principali delle due istituzioni.
L'Arma dei Carabinieri è un corpo militare e di ordine pubblico con funzioni operative di polizia militare e di ordine pubblico, di polizia giudiziaria, investigativa, annonaria, confinaria che, mediante un'estesa rete di stazioni, svolge inoltre molteplici funzioni

amministrative. Dipende principalmente dal Ministero della Difesa e in parte da quello degli Interni.
La Polizia di Stato svolge funzioni di ordine pubblico, di polizia giudiziaria ed investigativa. Dipende dal Ministero degli Interni.

8 V – il più fedelmente possibile/nel modo più veritiero

9 V – il mio legame con il capoluogo

S *Hauptstadt* = capitale, capoluogo
capitale: città principale di uno Stato, in cui hanno sede il Capo dello Stato e gli organi centrali del governo
capoluogo: il centro abitato più importante di una circoscrizione amministrativa, sede degli organi centrali della circoscrizione stessa.
          Es: – capoluogo di provincia
              – capoluogo di regione
«Capoluogo» fa parte del gruppo di nomi composti da *capo* + *sostantivo*. Per i sostantivi di questo gruppo la formazione del plurale varia a seconda che solo il primo elemento, solo il secondo o ambedue gli elementi della parola prendano il plurale. Alcuni sostantivi ammettono due forme.

Es: capoguardia	capiguardia
capostanza	capistanza
capofamiglia	capifamiglia
capoluogo	capoluoghi
capocomico	capocomici (capicomici)
capoverso	capoversi
capocuoco	capicuochi (capocuochi)
capoarchivista	capiarchivisti
caporedattore	capiredattori

10 V – della Lombardia.

11 V – Non posso certo dire/Non posso sostenere

S *behaupten* = sostenere, affermare, asserire
sostenere: dire argomentando, affermare con convinzione
affermare: dichiarare esplicitamente, sostenere

Es: − Lui sostiene/afferma che sia possibile ridurre l'inquinamen-
to.

asserire: affermare, sostenere
«Asserire» però presenta sfumature burocratico-giudiziarie e
quindi non si adatta al nostro contesto.
Es: − L'imputato asserì di non essere mai stato in quella casa.

12 S *daß ich in Mailand lebe* = di vivere a Milano
Si noti che l'italiano in generale preferisce la costruzione implicita
(verbo all'infinito) della frase secondaria quando questa ha lo
stesso soggetto della principale.

13 V − Dei dodici mesi dell'anno sei almeno li passo/trascorro altrove.
− Almeno sei mesi all'anno sono altrove.

14 V − Del resto qui assolvo

15 V − vita

16 V − borghese, quali/come:

17 S *Steuer* = tassa, imposta
Si tratta di due termini tecnici la cui definizione è:
tassa: prelievo di ricchezza che viene pagato da chi richiede
allo Stato o all'ente pubblico un servizio individualizza-
bile e divisible.
imposta: prelievo coattivo di ricchezza effettuato dallo Stato o
dall'ente pubblico per bisogni collettivi relativi a servizi
generali e non individualizzabili.
È di uso comune però parlare di «tassa» anche quando, in realtà,
si tratta di «imposta»; la distinzione rimane così limitata al campo tecnico.

18 V − Per nessuno di questi obblighi/doveri

19 V − offre **dei vantaggi**.

20 V − I fitti/Le pigioni
Questi due sinonimi di «affitto» sono di uso prevalentemente
toscano.

21 V − oltremodo/eccezionalmente

22 V – e così le tasse.
– le tasse pure/altrettanto.

23 V – pacifica

24 V – grande, troppo chiassosa

25 V – d'altro canto

26 V – da grande città

27 V – si può anche dire, viceversa/per contro, che
– si può anche dire il contrario: Milano è

28 V – con il fascino

29 V – di una cittadina/di una piccola città.

S L'aggettivo «piccolo», come tutti gli aggettivi in generale, acquista una funzione descrittiva in posizione prenominale e una funzione distintiva in posizione postnominale. Quindi «piccola città» indica che la città è piccola, con tutte le connotazioni che questo comporta, mentre «città piccola» sottolinea un'opposizione con altre città che piccole non sono. Nel nostro caso *Kleinstadt* indica la città di provincia e lo stile di vita tipici di una piccola città e dunque la posizione prenominale è la più adeguata.
Allo stesso modo per «grande» si noti che la posizione postnominale e prenominale determinano una diversa sfumatura di significato: la «città grande» è la città di grandi dimensioni, mentre nel concetto di «grande città» rientrano non solo le dimensioni ma anche le strutture, i servizi e lo stile di vita.

30 V – Nessuno lo crederà

31 V – sebbene sia, stranamente

32 V – curiosamente

33 V – sembra.
(Riguardo all'uso di congiuntivo/indicativo, vedi *Nel tardo autunno del '41,* n. 24, p. 50)

34 V – Per motivi

S *aus Gründen* = per ragioni
«Per» introduce qui il *complemento di causa,* che può essere espresso anche dalle preposizioni «di/da/con»:
– Andiamo a mangiare, sto morendo di/dalla fame!
– Quando Vittorio racconta barzellette, è impossibile non sbellicarsi dalle risa.
– Mezza Italia è a letto con l'influenza.

35 S La traduzione letterale «per ragioni per cui non mi si può invidiare» risulta stilisticamente meno felice a causa dell'inevitabile ripetizione di «per».

36 V – sono stato e sono nella condizione di

37 V – il luogo in cui abitare.

38 V – tuttavia

39 V – a condurmi

S *führen* = condurre, portare
«Condurre» è sinonimo più elevato e meno frequente di «portare»
Es: – Entrati nel palazzo, l'ispettore li condusse subito nella stanza del delitto.
– Zia Silvia, portami tu allo zoo!

40 V – Non mi hanno portato a Milano, in questa mia particolare situazione, delle considerazioni pratiche.

S La costruzione con inversione soggetto/verbo è stata proposta per dare a «considerazioni pratiche» il risalto che ha nel contesto tedesco. In tal senso risulta ancora più efficace la traduzione scelta per il testo.

41 V – Com'è noto

42 V – vivace

43 V – campo

44 V – nel settore tessile

45 S banca

Il termine «banca» ha un sinonimo, «banco», usato però solo nel nome di alcuni istituti bancari (Banco di Sicilia, Banco di Santo Spirito) o per indicare l'attività bancaria del Medio Evo e del Rinascimento (il banco dei Bardi, il banco dei Doria).

46 V – di un'infinità di altre cose

47 S Teatro alla Scala

Famosissimo teatro lirico progettato dall'architetto G. Piermarini e costruito tra il 1776 e il 1778 sull'area dell'antica chiesa di Santa Maria della Scala da cui deriva il suo nome. Gravemente danneggiato durante il secondo conflitto mondiale fu fedelmente restaurato.

48 S del Milan

Per la presenza dell'articolo, vedi *Donne-manager,* n. 23, p. 167

S Milan

Società calcistica fondata nel 1899 con il nome di Milan Football and Cricket Club; la maglia della squadra, più volte campione d'Italia e vincitrice anche in competizioni internazionali, è a strisce verticali rosse e nere.

49 V Ciascuno dei sostantivi di questa frase potrebbe essere anche preceduto dall'articolo indeterminato: «un industriale, un cantante lirico, un ingegnere meccanico ...».

50 V – Con tutto ciò

51 V – un'atmosfera di suspense

S *Spannend* si traduce con «appassionante, emozionante, avvincente»: un libro, un racconto, un film sono appassionanti o avvincenti, ma nessuno di questi aggettivi si può combinare con «domanda».

Si è fatto così ricorso all'espressione «suspense intorno alla domanda» che ci sembra esprimere in pieno l'idea del testo tedesco.

52 V – abito

53 V – indicare

54 V – per ora

55 V – motivi

56 V – provocherebbero/desterebbero

57 V – praticamente

58 V – plausibili

59 V – in certo qual modo/per così dire

60 V – toccata in sorte

61 V – è capitato

62 V – di dirla così

63 V – è semplicemente accaduto

64 V – ho preso qui la residenza

65 V – **considerare** questa spiegazione **(una) pura sciatteria**

66 S La traduzione letterale di *das* con «questo/ciò» risulterebbe stilisticamente infelice.

67 V – una pura sciatteria
    – una sciatteria bella e buona
    – una sciatteria vera e propria

   S Con aggettivi come «puro, mero, bello» e «buono, semplice» nel significato del nostro contesto in italiano non ricorre l'articolo determinato.

68 V – rimane

69 V – presumere

70 V – vadano cercate nell'ambito metafisico.

S In italiano la traduzione degli aggettivi sostantivati tedeschi non sempre può essere letterale, spesso si deve ricorrere a più parole suggerite di volta in volta dal contesto, come «elemento, cosa, natura, ambito/campo + *aggettivo o genitivo*», «ciò che è», o a un *sostantivo astratto*.

Es: – *Das Lebendige*: ciò che vive, l'elemento vivo, l'elemento di vita
  – *Das Vollkommene*: ciò che è perfetto, la perfezione.

16 Lieber M., ...

«Lieber M., du tust mir leid! Ich begreife nicht, wie du es aushalten
kannst in diesen ‹geordneten› deutschen Verhältnissen, mit denen ich
schon längst nichts mehr anfangen kann. Der Norden, das ist doch nur
der Terror des Geldes, der Terror der Technik, der Terror der Disziplin.
5 Zuviel Besitz, zu viele Neurosen. Hier ist das Leben einfacher, natürli-
cher, menschlicher. Nicht so anonym, nicht so kalt – und das ist durchaus nicht nur eine Frage des Klimas. Ich kümmere mich um den Gar-
ten, ich treffe auf der Piazza die Leute aus dem Dorf ... Ich bin einfach
glücklicher hier.»

10 Um so besser, liebe Gisela! Herzlichen Glückwunsch. Nur daß dein
treuherziger Brief ein Plagiat ist, eine Blütenlese, eine Sammlung von
Gemeinplätzen, die seit zweihundert Jahren durch die europäische Literatur geistern ... Die große Liebe zu Italien hat sich im empfindsamen
Gemüt einzelner Besucher um die Mitte des 18. Jahrhunderts entzün-
15 det. Seither ist sie zur Geschäftsgrundlage einer Milliarden-Industrie
geworden. Unerwidert war sie von Anfang an. Kein Italiener käme auf
die Idee, freiwillig, ohne zwingenden praktischen Grund, nach Münster
in Westfalen oder nach Hoek van Holland zu ziehen ...

Zu Hause, liebe Gisela, hast du dich ja immer mächtig über den Sauren
20 Regen und über den Rüstungswettlauf aufgeregt; aber in der Toscana
läßt du alle Fünfe grade sein. Oder ist dir noch nicht aufgefallen, daß
den Italienern der Umweltschutz schnurzegal ist und daß sie die Angst
vor der Kernkraft für eine Marotte halten? Du beschwerst dich über
den Reichtum und die Habgier des Nordens – aber wehe, wenn der mo-
25 natliche Scheck ausbliebe, der aus der Kälte kommt, und wenn du dir
dein Brot in Poggibonsi verdienen müßtest! Die Leute aus der Gegend
meinen es gut mit dir, solange du zahlen kannst. Sie tolerieren dich, so
wie das ganze Land die permanente Invasion aus dem Norden hin-
nimmt, und ich bewundere ihre Geduld. Ich finde es normal, daß sie
30 dich ausnehmen wie eine Weihnachtsgans, liebenswürdig, nach allen
Regeln der Kunst, und mit einer Ironie, von der du keine Ahnung
hast. ▷

150

Caro M., ...

«Caro M., mi fai pena[1]. Non capisco[2] come tu possa resistere a vivere in Germania[3], dove tutto è così ‹ordinato›[4]; io già da molto tempo non so che farmene di questo tipo di vita[5]. Il Nord è solo il terrore[6] del denaro[7], il terrore della tecnica, il terrore della disciplina. Troppa ricchezza[8], troppe nevrosi[9]. Qui la vita è più semplice, più naturale, più umana. Non così anonima, non così fredda[10]: e non si tratta certo soltanto di una questione[11] di clima. Io qui[12] mi occupo del giardino, incontro in piazza la gente del paese ... insomma, qui sono più felice[13].»
Buon per te[14], cara Gisela! Congratulazioni! Solo che la tua candida[15] lettera è un plagio, un florilegio, una raccolta di luoghi comuni che da duecento anni si aggirano come spettri nella letteratura europea ... Il grande amore per l'Italia è nato[16] verso la metà del Settecento[17] nell'animo sensibile di singoli viaggiatori[18]. Da allora è diventato la base di un'industria che rende miliardi. Amore non corrisposto, fin dall'inizio. A nessun italiano verrebbe l'idea[19] di trasferirsi[20] spontaneamente[21], senza un motivo pratico che lo costringesse a farlo, a Münster in Vestfalia o a Hoek van Holland ...
A casa, cara Gisela, ti sei sempre indignata[22] per la pioggia acida, per la corsa agli armamenti; ma in Toscana lasci correre[23]. O non ti sei ancora accorta che gli italiani[24] se ne infischiano della tutela dell'ambiente[25], e ritengono un capriccio la paura dell'energia nucleare? Ti lamenti della ricchezza e dell'avidità del Nord, ma guai se mancasse[26] l'assegno mensile che viene[27] dal freddo e dovessi guadagnarti il pane[28] a Poggibonsi! La gente del posto[29] ti tratta bene[30] finché puoi pagare. Ti tollera, così come tutto il Paese[31] sopporta la permanente[32] invasione dal nord[33], e io ammiro la loro pazienza. Trovo normale che ti sventrino[34] come un'oca a Natale, con gentilezza[35], a regola d'arte, e con un'ironia che tu neanche immagini[36]. ▷

Übrigens verstehe ich dich nur allzu gut, denn ich teile deine hartnäcki-
ge Liebe zu Italien. Wir kommen ohne diesen Zufluchtsort nicht aus. Er
35 ist unsere Lieblings-Projektion, unser Freilichtkino, unser Allerwelts-
Arkadien. Hier können wir, heute wie vor zweihundert Jahren, unsere
Defekte kompensieren, hier tanken wir Illusionen, hier stochern wir in
den Trümmern einer alten, halbvergessenen Utopie herum. Meinetwe-
gen! Aber warum muß diese Liebe so ignorant sein, so dümmlich, so
40 borniert? Warum übersieht die gute Gisela beharrlich alles, was in Italien zum Himmel schreit? Wenn sie nach Hause käme in das kühle,
langweilige Münsterland und fände dort Zustände wie in Mestre oder
Avellino vor − sie wäre außer sich über soviel Härte, Grausamkeit, *menefreghismo*.
45 Jede Affenliebe hat ihre Kehrseite. Es gibt keinen Tourismus ohne dop-
pelte Moral. Wenn der Besucher aus dem Norden seine letzte Lira aus-
gegeben hat, wenn er wieder zurückgekehrt ist in den deutschen oder
belgischen oder schwedischen Herbst, dann stößt er eben doch einen
heimlichen Seufzer der Erleichterung aus und freut sich, daß im Norden
50 alles so herrlich funktioniert, die Zentralheizung, der Staat und das Telephon; und wenn er dann die Zeitung aufschlägt und liest die neuesten
Horrorgeschichten aus Italien (Chaos, Camorra, Korruption), dann
lehnt er sich zurück und denkt: So was wäre bei uns undenkbar! Und
diese fromme Zuversicht ist der endgültige Beweis dafür, daß er nichts
kapiert hat.

Hans Magnus Enzensberger

---

1. Osservazioni sul testo

Con il pretesto di rispondere ad una lettera, Hans Magnus Enzensberger, sempre lucidamente polemico, tenta di scoprire le motivazioni più
nascoste che sono alla base dell'amore dei popoli dei paesi nordici per
l'Italia. L'argomentazione incalzante, che rivela lo scopo di non trascu-
rare nessun elemento di analisi e spiegazione, dà luogo ad una sintassi e
ad un lessico senz'altro impegnativi.

Del resto ti capisco fin troppo bene[37]: condivido, infatti, il tuo amore ostinato per l'Italia. Non ce la facciamo senza questo rifugio[38]. È la nostra proiezione preferita[39], il nostro cinema all'aperto, l'Arcadia alla portata di tutti[40]. Qui possiamo, oggi come duecento anni fa, compensare i nostri difetti, qui facciamo il pieno di illusioni, qui frughiamo[41] tra le rovine di una vecchia utopia mezzo dimenticata[42]. E va bene[43]! Ma perché questo amore deve essere così ignorante, così stupidello[44], così ottuso? Perché la brava Gisela si ostina a non voler vedere[45] tutto quello che in Italia grida vendetta? Se tornasse a casa, nella fredda e noiosa regione di Münster, e vi trovasse le stesse condizioni di vita di Mestre o di Avellino, sarebbe fuori di sé per tanta[46] durezza, crudeltà e menefreghismo[47].

Ogni amore cieco ha il suo rovescio. Non c'è turismo senza doppia morale. Il turista[48] del nord, una volta spesa l'ultima lira[49] e ritornato[50] nell'autunno tedesco, belga o svedese, tira di nascosto un sospiro di sollievo ed è contento che al Nord tutto funzioni[51] splendidamente, il riscaldamento centrale, lo Stato, il telefono; e quando poi apre il giornale e legge le ultime storie italiane[52] dell'orrore (caos, camorra[53], corruzione), si appoggia indietro sulla poltrona e pensa: «Da noi cose simili sarebbero impensabili»[54]. E questa pia certezza è la prova definitiva[55] che non ha capito niente.

2. Consigli per la traduzione

Prima di passare alla traduzione si riveda la punteggiatura in italiano e se ne confronti l'uso con quella tedesca.
Nel brano ricorre la preposizione *aus* che esprime un complemento di provenienza, da rendere in italiano ora con «di», ora con «da», ora con un aggettivo. Attenzione a scegliere di volta in volta la soluzione giusta.
Per chiarire alcuni aspetti della società italiana e per soddisfare quelle curiosità che sorgeranno durante la lettura del testo, si consulti: Chiellino, D., Marchio, F., Rongoni, G., *Italien,* München (Beck) 1989.

3. Varianti e spiegazioni

1 V − compassione.

2 S *begreifen* = capire, comprendere, intendere, afferrare
Dei verbi che traducono *begreifen,* «capire» è il più usato; «comprendere» e «intendere» sono più rari, mentre «afferrare» contiene una sfumatura più forte: capire bene, cogliere il senso di qualcosa al di là di eventuali difficoltà.

3 V − come fai a resistere in Germania

4 V − dove la vita è così ‹ordinata›/‹disciplinata›

S Il nodo da sciogliere per tradurre efficacemente questa frase è la resa del termine *Verhältnisse* che, se tradotto con «situazioni, condizioni, stato», dà luogo ad una frase alquanto goffa e non adeguata a trasmettere al lettore italiano il senso voluto.

5 V − io di questo tipo di vita non so che farmene già da molto tempo.

6 V − l'ossessione/la tirannia

S Per quanto riguarda la scelta dell'italiano «terrore», è vero che questo termine ha anche il significato, più consueto, di «paura»; ma è sembrato possibile mantenerlo, restando così più fedeli al testo rispetto alle varianti, poiché dal contesto risulta chiaro come esso vada inteso, cioè quale regime di terrore esercitato dal denaro, dalla tecnica, dalla disciplina.

7 S Abbiamo preferito «denaro» in quanto il suo sinonimo «soldi» stona accanto a termini astratti come «tecnica» e «disciplina». (Per denaro/soldi, vedi *Oroscopo per i nati sotto il segno del Leone,* n. 16, p. 38)

8 V − Si ha troppo/Si possiede troppo/Troppi averi

S Altri significati di *Besitz* quali «possesso/possedimento/patrimonio» non sono adeguati al contesto.

9 V − si è troppo nevrotici.

10 S Il segno d'interpunzione del testo tedesco *(Gedankenstrich)* non trova un corrispondente nella *lineetta,* che in italiano si trova raramente da sola (una è all'inizio e l'altra alla fine di una frase). Si può ricorrere, a seconda dei casi, ai due punti come qui o alla virgola come alle righe 22 e 39.

11 V – non si tratta affatto di una mera questione
– non è certo unicamente una questione

12 S Si è sentita la necessità di riprendere l'avverbio di luogo «qui» della frase sopra, per non allentare la tensione del contrasto tra i due diversi modi di vita, quello italiano e quello tedesco, che Gisela vuol esprimere nella sua lettera.

13 V – qui sono semplicemente più felice.»
– sono semplicemente più felice, qui.»

14 V – Meglio per te

15 V – ingenua

16 V – si è acceso

17 V – del 1700/del 18° secolo

18 V – di qualche viaggiatore.

S *Besucher* = visitatore
Per «visitatore» si intende chi si reca in visita presso istituzioni culturali o ricreative specifiche a gestione privata o pubblica.
Besucher si può rendere anche con «turista», più adatto a definire chi visita una città, un Paese. Ma nel nostro caso il termine più appropriato è «viaggiatore», che indica chi viaggiava secondo lo spirito e con i mezzi dei secoli precedenti la diffusione del turismo di massa.

19 V – verrebbe in mente

20 V – andare a vivere

21 V – di sua spontanea volontà

22 V – arrabbiata/scandalizzata

23 V – ma in Toscana **non guardi/non vai tanto per il sottile.**

24 S gli italiani
Nell'italiano moderno l'uso della *maiuscola* è obbligatorio solo in alcuni casi, come per esempio nei nomi propri di persona e nei cognomi, nei nomi propri geografici, nei nomi propri indicanti festività; è facoltativo – e comunque prevale l'uso della *minuscola* – quando i nomi propri indicano le popolazioni di nazioni, regioni o città. Quando però si tratta di singoli individui, c'è sempre la *minuscola.*
Es: – Quando abitavo a Barcellona, frequentavo con grande assiduità due inglesi molto simpatici.

25 V – agli italiani non importa un bel niente della tutela dell'ambiente
– agli italiani la tutela dell'ambiente è del tutto indifferente

26 S *ausbleiben* = non venire, essere assente, mancare
Mentre «non venire» e «mancare» si possono usare sia con persone che con cose, «essere assente» si riferisce per lo più a persone o a cose personificate.
Es: – Quest'inverno la neve non è venuta.
  – È mancata la corrente per un'ora intera.
  – La Ferrari sarà purtroppo assente al prossimo Gran Premio.

27 V – arriva

28 S *dein Brot* = il pane
Riguardo ai casi in cui il possessivo in italiano non viene espresso, vedi *Il grande Wildenberg,* n. 40, p. 88

29 V – luogo

30 V – ti vede di buon occhio/è ben disposta verso di te

31 S Paese
Il termine richiama alla mente il «Bel Paese» (o «Belpaese») che è l'Italia per antonomasia; già Dante e Petrarca scrivevano: «Del bel paese là dove il sì sona» (Dante) e «il bel paese Ch'Appennin parte e 'l mar circonda e l'Alpe» (Petrarca). Nel 1875 uscì un libro – di cui fino ad oggi si contano numerosissime edizioni – intito-

lato *Il Bel Paese*. L'autore, il sacerdote Antonio Stoppani (1824–1891), fu scienziato, letterato e patriota. Con questo testo egli si proponeva di far conoscere alle nuove generazioni – quelle dell'Italia unita – le bellezze della Patria.

Mai Stoppani – che fu inoltre il primo presidente del Club Alpino Italiano e lui stesso appassionato scalatore – avrebbe pensato di finire, accanto allo Stivale, sulla confezione di un formaggio che porta la sua immagine e il nome della sua opera.

32 V – continua

S *permanent* = durevole, permanente, persistente, continuo

durevole:	– un accordo durevole
	– una pace durevole
	– amicizie, affetti durevoli
permanente:	– esposizione permanente
	– fortificazione permanente
	– uno stato permanente di crisi
persistente:	– una crisi economica persistente
	– una febbre persistente
	– una pioggia persistente
continuo:	– una serie continua di delitti
	– rimproveri continui
	– una fila continua di macchine

33 S *Invasion aus dem Norden* = invasione dal nord

Usiamo la *minuscola* quando «nord» indica unicamente un concetto geografico, la *maiuscola* invece dove il termine sta per stile di vita, abitudini degli abitanti delle regioni settentrionali.

Es: – Caserta è a nord di Napoli.
– I più grandi fiumi italiani scendono da nord.
– Molti sono i pregiudizi verso i popoli del Nord.

34 V – sbudellino

35 V – gentilmente/amabilmente

36 V – e con un'ironia **di cui tu non hai neppure la più pallida idea/neanche la minima idea.**

37 S Si osservi che i *due punti* possono indicare una pausa abbastanza forte, simile a quella del punto e virgola (vedi *Nel tardo autunno del '41,* n. 7, p. 47), ma servono soprattutto ad introdurre:

a) *il discorso diretto*

      Es: – Sussurrò: «Niente è ancora perduto.»

b) *una spiegazione, una enumerazione o una descrizione*

      Es: – Per essere un vero uomo gli mancava una qualità: il coraggio.

          – Ricordati di: innaffiare le piante, dar da mangiare al gatto, chiudere il gas, passare in lavanderia.

          – Improvvisamente ci trovammo davanti il palazzo: era una costruzione barocca ormai in abbandono.

Si noti l'uso della *minuscola* dopo i due punti.

38 V – Senza questo rifugio non resistiamo.

39 V – prediletta

40 V – la nostra Arcadia, quella che tutti possono raggiungere.

41 V – rovistiamo

42 V – mezza dimenticata.

  S Quando l'aggettivo numerale «mezzo» precede un altro aggettivo e quindi assume la funzione di avverbio, può rimanere invariato, o, pur rispettando il valore avverbiale, concordarsi con il sostantivo a cui si riferisce.

      Es: – Lo trovarono disteso sul divano con accanto una bottiglia di grappa mezzo vuota.

          – Dopo quella nuotata eravamo mezze morte dalla stanchezza.

43 V – Per me!/E vada!/E sia!

44 V – sciocco/stolto

45 V – ad ignorare

46 V – sarebbe sconvolta da tanta

47 S «Menefreghismo» (da «me ne frego, fregarsene») è l'atteggiamento di indifferenza o addirittura di arroganza verso ciò che invece si dovrebbe considerare o rispettare. Chi agisce con «menefreghismo» viene detto «menefreghista».

48 S *Besucher* = turista, vedi n. 18.

49 S La lira italiana fu istituita dopo l'Unità nel 1862.

50 V − Quando il turista del nord ha speso l'ultima lira e quando è ritornato

    S La variante è stilisticamente un po' debole; è senz'altro preferibile usare − come nel testo − il participio passato con valore temporale al posto della temporale esplicita introdotta da «quando».

51 S contento che funzioni
Si ricordi che i verbi che dipendono dalle espressioni tipo «essere contento/lieto/felice, essere triste, essere scontento, essere spiacente, essere orgoglioso, essere desolato, essere sorpreso» sono coniugati al congiuntivo. (Sul congiuntivo, vedi *Nel tardo autunno del '41*, n. 24, p. 50)
− Dino è orgoglioso che tu abbia ottenuto questi risultati.
− La ditta è spiacente che Lei respinga la nostra offerta.

52 S L'indicazione di provenienza del tipo *aus Italien* si può tradurre in più modi: «italiano» − preferibile in quanto quasi sempre appropriato −, «d'Italia», «dall'Italia».
Es: − moda italiana
    − vini d'Italia, scrittori d'Italia
    − ricordi/lettere/reportage dall'Italia

Non così per altre espressioni con *aus* indicanti origine/provenienza, ma non la nazionalità.
Es: − una ragazza del popolo, un dipinto del Settecento.

53 S La «camorra» è un'associazione criminosa del Napoletano − probabilmente introdotta durante il dominio spagnolo − che controlla il contrabbando di sigarette, la prostituzione, il mercato ittico ed agricolo, lo spaccio della droga e pretende il pagamento di compensi (tangenti) ricorrendo a minacce ed offrendo favori illeciti.

54 V – inconcepibili.

S *So was wäre bei uns undenkbar* = da noi cose simili sarebbero impensabili

Il *condizionale* si usa

a) *per attenuare opinioni* (come nel nostro caso), *richieste, imperativi*

   Es: – Direi che è meglio telefonargli subito.
   – Mi potresti dare una mano a scegliere i dischi migliori?
   – La smetteresti, per favore, di fumare?

b) *per riportare notizie non certe*

   Es: – I teppisti sarebbero entrati nello stadio scavalcando il muro di cinta.

c) *per esprimere indignazione o meraviglia*

   Es: – Ed io sarei stato capace di tanto?!
   – Chi l'avrebbe mai detto!

d) *nelle dichiarative introdotte da «se»*

   Es: – Non sappiamo se lo userebbe.

e) *nel periodo ipotetico della possibilità e dell'irrealtà*

   Es: – Anche se mi avessero offerto degli interessi più alti, non avrei depositato quella somma in banca.

Un esempio di periodo ipotetico della possibilità si trova nel nostro brano alle righe 37–39.

55 V – decisiva

17 Managerinnen –
immer noch so selten und kostbar wie Orchideen

Seit knapp zwanzig Jahren, seit dem gesellschaftlichen Einbruch, der durch die Achtundsechziger-Bewegung ausgelöst und dann durch feministische Gruppierungen intensiviert worden ist, redet man vermehrt von «Frauen in der Chefetage». Das allgemeine Interesse am Thema
5 «Frau in der Gesellschaft» sowie das Beispiel der Frauen, die sich mit großem Selbstbewußtsein und Durchhaltevermögen ihre Plätze in den Unternehmen oder als selbständig Erwerbende eroberten, haben dafür gesorgt, daß der Karriere dieser Frauen große Aufmerksamkeit entgegengebracht wird.
10 Frauen in Spitzenpositionen sind allerdings immer noch die große Ausnahme: selten und kostbar wie Orchideen. Während in den Vereinigten Staaten bereits jeder dritte Mitarbeiter auf den mittleren Führungsebenen eine Frau und das Top-Management etwa zu fünf Prozent weiblich ist, hinkt Europa dieser Entwicklung deutlich nach.
15 Management behauptet sich als eine der letzten männlichen Bastionen: Gemäß weitgehend übereinstimmenden Untersuchungsresultaten übersteigt der Anteil weiblicher Führungskräfte in den westlichen Industrieländern praktisch nirgends die Grenze von fünf Prozent. Zudem läßt sich neben dieser «Schallmauer» eine zweite Tendenz klar erkennen: Je
20 höher die betrachtete Managementstufe, desto geringer die Vertretung von Frauen.
Die Bestrebungen karriereorientierter Frauen, die Frauenförderprogramme von Staat, Interessengruppen und Unternehmen sowie der für die neunziger Jahre prognostizierte Führungskräftemangel lassen hof-
25 fen, daß sich die gesellschaftlichen Bedingungen trotz aller Widerstände zugunsten gleicher Chancen beider Geschlechter sowohl im privaten als auch im beruflichen Bereich wandeln werden.

Irene Keplinger

Donne-manager[1]:
Fine di una gita-incetta[1]

Da circa[2] vent'anni, a partire[3] dalla frattura sociale provocata[4] dal movimento[5] del '68[6] e poi acuita[7] dai gruppi[8] femministi, si parla sempre di più di «donne nella stanza dei bottoni»[9]. L'interesse generale per il tema della «donna nella società»[10], ed anche[11] l'esempio di donne[12] che si sono conquistate, con grande tenacia[13] e consapevolezza di sé[14], i loro posti   5
nelle imprese o in attività autonome[15], hanno fatto in modo che[16] si prestasse[17] grande attenzione alla carriera[18] di queste donne.
Ma le donne[19] in posizioni di rilievo[20] sono ancora una vera e propria eccezione[21]: rare e preziose come orchidee. Mentre negli Stati Uniti già un terzo dei quadri direttivi intermedi è costituito da donne[22], e il top-   10
management è femminile per circa il 5%[23], l'Europa rimane[24] visibilmente[25] in ritardo[26] rispetto a questa tendenza[27].
Il management si conferma uno[28] degli ultimi baluardi[29] maschili[30]: secondo[31] i risultati di ricerche[32] in larga misura[33] concordi[34], la quota[35] delle[36] donne dirigenti[37] nei paesi industrializzati[38] occidentali[39] non su-   15
pera praticamente da nessuna parte[40] il limite del 5%. Inoltre[41], accanto a questa sorta[42] di «muro del suono», si registra chiaramente[43] una seconda tendenza: più si sale nella scala manageriale esaminata, meno sono i posti occupati dalle donne[44].
Gli sforzi[45] delle donne in carriera, i programmi in favore[46] della donna   20
promossi dallo Stato[47], dai gruppi d'interesse e dalle imprese, ed anche la scarsezza[48] di quadri dirigenti[49], pronosticata per gli anni Novanta[50], fanno sperare che le condizioni sociali, nonostante tutte le resistenze[51], cambieranno a favore[52] di pari[53] opportunità per i due sessi, sia nella sfera privata che in quella professionale.   25

1. Osservazioni sul testo

In questo articolo, scritto per la *Frankfurter Allgemeine* (Beruf und Chance), Irene Keplinger illustra alcuni dei risultati più interessanti scaturiti da una ricerca promossa dall'università di Linz, e a cui lei stessa ha partecipato, sulle donne nel management. I verbi al presente o al passato prossimo e qualche esempio di stile nominale, caratteristiche della prosa giornalistica, connotano anche questo testo.

2. Consigli per la traduzione

I termini socio-economici e le espressioni attinenti al mondo del management devono essere al centro dell'attenzione di chi traduce; le parole composte, inoltre, prima di essere adeguatamente rese, richiederanno un esame accurato già nel testo tedesco. Per tradurre *Managerin* si tenga presente che in italiano il termine inglese manager, affermatosi nell'uso al maschile, si rende femminile facendolo precedere da «donna». È questo un fenomeno che avviene anche per termini italiani che definiscono professioni fino a poco tempo fa esclusivamente maschili, quando l'adattamento al femminile (con le desinenze -a, -essa, -trice) produrrebbero una sfumatura scherzosa o addirittura spregiativa. Donna poliziotto, donna vigile, donna controllore sono alcuni esempi. Ne conoscete altri?

3. Varianti e spiegazioni

1 V – Donne manager

S donne-manager
Il *trattino* serve a:
a) *collegare due o tre parole*
   Es: – ex-presidente, letteratura greco-latina, dizionario spagnolo-italiano, trattato russo-tedesco-americano, vagone-merci, nave-traghetto, guerra-lampo, bambino-prodigio, corso pratico-teorico, gonna-pantalone

b) *abbreviare un collegamento*
   Es: – problemi socio-economici, confine italo-austriaco, mercato orto-florofrutticolo.

Tuttavia nella grafia sono largamente usate anche le forme senza trattino.

Es: − ex presidente, vagone merci, nave traghetto, guerra lampo, bambino prodigio; mercato ortoflorofrutticolo, problemi socioeconomici.

2 V − Da poco meno di

3 V − cominciare

4 V − causata

5 V − dal terremoto scatenato nella nostra società dal movimento

6 V − provocata dal '68

S Quando si parla di «'68» non ci si riferisce semplicemente all'anno, ma a tutti gli avvenimenti politici e sociali verificatisi intorno a quell'anno.

7 V − aggravata

8 V − dalla frattura sociale **che è stata provocata** dal movimento ... **e che poi è stata acuita** dai gruppi

9 V − «donne alle leve del potere.»/«donne ai posti di comando.»

10 V − tema **«La donna nella società»**

S Si usa qui l'articolo determinativo in quanto ci troviamo di fronte ad un nome concreto (donna) preso in senso generale (le donne).

S nella società
La preposizione «in» introduce, tra i tanti complementi, anche quello di *stato in luogo*. Ci sembra utile evidenziare con alcuni esempi quando essa è accompagnata, o meno, dall'articolo. In generale si usa l'articolo nel caso di una specificazione e con i nomi di Paesi al plurale:
− In fabbrica c'è sempre molto rumore.
− Nella fabbrica di mio zio i sindacalisti hanno vita dura.

– Ho pochissima roba in valigia/nella valigia.
– Nella valigia di mia sorella non ci sta più uno spillo.

– A Luciana piacerebbe tanto vivere in Svizzera.
– Nella Svizzera tedesca la popolazione è di confessione prote-
stante.
– Nei Paesi Bassi tutti possiedono una bicicletta.

11 V – come pure

12 V – delle donne

13 V – perseveranza

14 S La sequenza dei termini «consapevolezza di sé» e «tenacia» è stata invertita per la presenza della specificazione «di sé» che induce
a porre questo complemento in posizione esterna.

15 V – o come lavoratrici autonome

16 V – fatto **sì che**

17 V – si rivolgesse
– fosse/venisse prestata/rivolta

18 V – autonome, **hanno suscitato una grande attenzione per la carriera**

19 S Dato che si specifica di quali donne si parla (quelle in posizioni di
rilievo) è necessario in italiano l'articolo determinativo.

20 V – in posizioni **dominanti/di primo piano**

21 S In italiano la combinazione di «grande» con «eccezione» è insolita; per rendere efficacemente l'attributo tedesco si è fatto ricorso
alla locuzione «vero e proprio».

22 V – **su tre collaboratori tra le file** dei quadri direttivi intermedi, **uno
è donna.**

23 S Con le *percentuali* troviamo, in italiano, a differenza del tedesco, *l'articolo determinato*. Questo si verifica tra l'altro con:

a) i nomi di *materia,* i nomi *astratti* e quelli di *oggetti che fanno parte della vita moderna*
  – *Seide ist sehr teuer.*
  – La seta è molto cara.

  – *Geduld ist nicht seine Stärke.*
  – La pazienza non è il suo forte.

  – *Habt ihr schon ein Telephon in der neuen Wohnung?*
  – Avete già il telefono nella casa nuova?

b) i nomi di *colori*
  – *Weiß ist meine Lieblingsfarbe.*
  – Il bianco è il mio colore preferito.

c) i nomi di *squadre*
  – *Sampdoria ist seit einigen Wochen Spitzenreiter.*
  – La Sampdoria guida la classifica da alcune settimane.

d) i nomi di *parti del corpo*
  – *Faustino hat krumme Beine.*
  – Faustino ha le gambe storte.

e) le indicazioni di *ore ed età*
  – *Sie treffen sich in dem Hotel immer zwischen 5 und 6.*
  – S'incontrano sempre in quell'hotel tra le cinque e le sei.

  – *Ich werde wahrscheinlich zwischen vierzig und fünfzig heiraten.*
  – Mi sposerò probabilmente tra i quaranta e i cinquant'anni.

24 V – è

25 V – chiaramente/nettamente

26 V – l'Europa **resta** visibilmente **indietro**

27 V – questo corso.

28 V – si rivela come uno

29 V – bastioni

30 V – degli uomini

31 S Qui «conformemente» e «in conformità», che significano «in modo corrispondente», non sono appropriati.

32 V – indagini

33 V – ampiamente

34 V – secondo indagini dai risultati ampiamente concordanti

35 V – il numero

36 V – di donne

37 V – che occupano posizioni direttive

38 S *Industrieländer* = paesi industrializzati
Spitzenpositionen = posizioni dominanti (n. 20)
Managementstufe = livello dirigenziale (n. 44)

Alcune parole composte tedesche vengono rese in italiano con un sostantivo e un attributo oppure con due sostantivi:

Berufsgeheimnis	segreto professionale
Betriebswirtschaft	economia aziendale
Blitzkrieg	guerra lampo
Eilzug	treno accelerato
Endprodukte	prodotti finiti
Fremdkörper	corpo estraneo
Girokonto	conto corrente
Grenzfall	caso limite
Leihbibliothek	biblioteca circolante
Lohntüte	busta paga
Luftschlange	stella filante
Pressekonferenz	conferenza stampa
Schlafcouch	divano letto
Schlafwagen	vagone letto
Straßenhändler	venditore ambulante
Streitkräfte	forze armate
Schwertfisch	pesce spada
Wunderkind	bambino prodigio
Zuckerwatte	zucchero filato
Zwillingsgeburt	parto gemellare
Zwischenergebnis	risultato provvisorio

39 V – dell'Occidente

40 V – mai

41 V – Per di più

42 S Si è sentita l'esigenza di aggiungere «questa sorta», che nel testo italiano dà il giusto rilievo alla metafora «muro del suono».

43 V – **si può riconoscere** chiaramente
– **risulta chiara**

44 V – quanto più il livello dirigenziale considerato è alto, tanto più è ridotta la rappresentanza femminile.
– **quanto più** si sale nella scala manageriale esaminata, **tanto più basso è il numero delle donne.**

45 V – Le aspirazioni

46 V – a sostegno

47 V – i programmi **volti a promuovere la donna da parte dello Stato**

48 V – la penuria

49 S *Führungskräftemangel* = scarsezza di quadri dirigenti
Untersuchungsresultate = risultati di ricerche (r. 14)
Spitzenpositionen = posizioni di rilievo (r. 8)

La preposizione «di» unisce spesso i corrispondenti italiani dei termini che compongono una parola tedesca:

Blumenstrauß	mazzo di fiori
Geschichtsbuch	libro di storia
Herstellungskosten	costi di produzione
Mathematiklehrer	insegnante di matematica
Porzellanvase	vaso di porcellana
Prüfungsangst	paura degli esami
Putzfrau	donna delle pulizie
Spinatsaft	succo di spinaci
Weihnachtsferien	vacanze di Natale
Wissensdurst	sete di sapere

50 S anni Novanta

I nomi di secoli, decenni ed epoche si scrivono con la lettera maiuscola: La poesia del Trecento, la moda degli anni Sessanta, le vie di comunicazione nel Medio Evo.

51 V − tutti gli ostacoli

52 V − nella direzione

53 V − di uguali

18 Ende einer Hamsterfahrt

Vor zehn Minuten hat das mit 600 Passagieren vollbesetzte Schiff vom schleswig-holsteinischen Ostseehafen Kappeln abgelegt. Obwohl die Fahrt bis zum dänischen Sonderburg noch gut zwei Stunden dauern wird, hat sich auf der engen Treppe zum Duty-free-Shop hinunter
5 schon ein kleiner Menschenstau gebildet. Es wird geschoben und geschubst. Wo billiger Schnaps und billige Zigaretten locken, will jeder zuerst dran. Ein Pulk älterer Frauen drängt von oben nach, aber es geht einfach nicht voran. «Ist das wieder voll heute», ächzt eine von ihnen und prüft schnell noch einmal den Sitz ihrer frischgelegten Dauerwelle.
10 «Letzte Woche war viel schöner. Da kam man wenigstens direkt dran.» Butterschiff-Streß an Bord der *Habicht II.*
Unten drängt sich der Troß der konsumfreudigen Passagiere Stück für Stück zwischen den gutgefüllten Regalen durch. Immer wieder greifen flinke Hände zu, befördern Cognac, Camel, Käse und Korn in ihre Ein-
15 kaufskörbchen. «Sie sind doch groß», tönt es aus der Ecke, wo die Zigaretten stehen, «kommen Sie an die Marlboro ran?»
Manche Butterfahrer haben sich sogar Einkaufszettel geschrieben, damit sie nur ja nichts vergessen, haken Posten für Posten ab und lauschen zwischendurch der krächzenden Stimme aus dem Bordlautsprecher:
20 «Achten Sie auf unsere Sonderangebote. Ein Herrenhemd mit passender Krawatte nur neun Mark neunzig.» Die Frau mit der frischen Dauerwelle weiß es besser: «Die Hemden taugen nichts», warnt sie. «Damit bin ich letztes Mal furchtbar reingefallen.»
Fast acht Millionen Schnaps- und Zigaretten-Hamsterfahrer jährlich
25 bereiten den Butterschiffreedern an Nord- und Ostsee bisher ein glänzendes Geschäft. Doch obwohl die Kassen voll sind, bangt die Branche um ihre Existenz. Wenn Ende 1992 der europäische Binnenmarkt vollendet ist, werden nämlich Reisen innerhalb der Gemeinschaft rechtlich zu Inlandsreisen. Dann ist es vorbei mit dem steuerfreien Einkaufsver-
30 gnügen. Hamsterfahrten wie auf der *Habicht II* werden verboten. Das sieht zumindest ein vor gut zwei Jahren vorgelegter Richtlinienentwurf der EG-Kommission vor.

Andreas Molitor

Fine di una gita-incetta[1]

Dieci minuti fa la nave, al completo dei suoi[2] seicento passeggeri, è salpata dal porto baltico di Kappeln, nello Schleswig-Holstein[3]. Anche se il viaggio[4] fino a Sonderburg in Danimarca durerà ancora due ore buone[5], sulla stretta scala che porta giù[6] al duty-free shop[7] si è già formata una piccola coda di persone[8]. Si spinge e ci si urta. Là, dove acquavite[9] e sigarette a poco prezzo[10] esercitano la loro attrazione[11], tutti vogliono essere i primi[12]. Un drappello[13] di donne anziane incalza[14] dall'alto, ma proprio non si va avanti[15]. «Quanta gente anche oggi!»[16], si lamenta[17] una di loro, ricontrollando[18] rapidamente[19] la permanente appena[20] fatta[21]. «La settimana scorsa[22] era[23] molto meglio. Almeno[24] non c'era coda[25].» Stress da gita-incetta a bordo della nave-mercato[26] *Habicht II*[27].

Di sotto, lo stuolo[28] dei passeggeri-consumatori entusiasti si fa largo[29], un pezzo alla volta, tra gli scaffali[30] ben forniti[31]. Mani svelte[32] si allungano continuamente[33] per inoltrare[34] nei cestini cognac, Camel, formaggio e acquavite[35]. «Lei che è così alto», si sente una voce[36] dall'angolo in cui ci sono[37] le sigarette, «ci arriva alle Marlboro[38]?»
Alcuni di questi acquirenti-passeggeri[39] si sono fatti addirittura la lista[40] della spesa per non dimenticare niente − per carità[41] − e cancellano[42] un articolo alla volta[43] ascoltando di tanto in tanto[44] la voce gracchiante dell'altoparlante[45] di bordo[46]: «Non perdetevi[47] le nostre offerte speciali. Una camicia da uomo con cravatta in tinta[48], solo nove marchi e novanta.» La donna con la permanente appena fatta sa il fatto suo[49]: «Le camicie non valgono niente», avverte[50]. «L'ultima volta ho preso un bel bidone[51].»
Quasi otto milioni all'anno di passeggeri[52] incettatori di acquavite e sigarette hanno finora costituito[53] un brillante[54] affare per gli armatori delle navi-mercato del Mare del Nord e del Baltico[55]. Eppure[56], nonostante i lauti guadagni[57], il settore teme per la propria[58] sopravvivenza[59]. Quando, infatti, alla fine del 1992, sarà realizzato il mercato unico europeo, i viaggi nell'ambito[60] della comunità non saranno più considerati viaggi all'estero[61] sotto il profilo[62] giuridico. Allora sarà finita la cuccagna[63] degli acquisti esentasse[64]. Le gite-incetta come quelle sull'*Habicht II* saranno proibite. Questo, almeno, è quanto prevede un progetto di direttive presentato più di due anni fa dalla Commissione della Comunità Europea[65].

1. Osservazioni sul testo

Nell'articolo, apparso in *Die Zeit* (Wirtschaft), Andreas Molitor descrive con ironia un costume tipico della Germania del Nord: la consuetudine di imbarcarsi per la Danimarca o l'Olanda con il solo intento di comprare durante il viaggio prodotti esenti da tasse.

Una volta era soprattutto l'acquisto del burro a prezzo conveniente che spingeva a tali viaggi; di qui i termini *Butterschiff, Butterfahrt, Butterfahrer*. Il testo, ricco di termini economici, è piacevole e divertente grazie alle frasi idiomatiche, alle espressioni di lingua parlata, ai termini di provenienza militare, usati per creare immagini spiritose e umoristiche. La sintassi non è particolarmente difficile.

2. Consigli per la traduzione

Si faccia attenzione ai termini *Butterschiff* (e composti), *Hamsterfahrt* e *Hamsterfahrer* che dovranno trovare un corrispondente comprensibile o meglio chiarificatore per l'eventuale lettore italiano, privo dell'esperienza di un tale costume; sulle parole *Inlandsreisen* e *Einkaufsvergnügen* occorrerà soffermarsi a riflettere prima di passare alla traduzione. Si controllino infine nel vocabolario bilingue e monolingue i significati di *Fahrt* e *Reise*.

3. Varianti e spiegazioni

1 V – gita incetta

S Riguardo all'uso del trattino, vedi *Donne-manager,* n. 1, p. 164

S Qui ci sembra opportuno tradurre *Fahrt* con «gita» perché si intende un viaggio piuttosto breve, di qualche ora.

2 S L'espressione «al completo di» che traduce *vollbesetzt mit* richiede il possessivo ed indica che i passeggeri che la nave può trasportare (600) ci sono tutti.

3 V – è salpata **da Kappeln, porto baltico dello Schleswig-Holstein.**

4 V – la traversata

S *Fahrt* va tradotto con «viaggio», termine che si usa per indicare il percorso, il tragitto da un posto ad un altro; qui, trattandosi di un viaggio per mare, si può anche ricorrere a «traversata».

5 V – abbondanti

6 V – che **va giù**

7 S duty-free shop
L'«invasione» delle parole inglesi nel lessico italiano, iniziata soprattutto nel secondo dopoguerra, continua ancor oggi. Tra i termini più diffusi:

baby-sitter	handicap	radar
bar	hobby	record
boom	jet	reporter
camping	juke-box	sexy
club	manager	slip
cocktail	motel	sponsor
computer	partner	sport
film	playboy	suspense
flash	pullman	test
flipper	pullover	week-end

8 V – al duty-free shop **una piccola folla fa ressa.**

9 S Si osservi che nel linguaggio comune si estende impropriamente il termine «grappa» (*Weinbrand*) ad altri tipi di «acquavite» (*Branntwein*) anche nel Veneto, patria di grappe e di acquaviti.

10 V – a pochi soldi

11 V – richiamano/attirano il consumatore

12 V – Tutti vogliono essere i primi là dove acquavite e sigarette a poco prezzo esercitano la loro attrazione.

13 V – Un gruppo

14 V – spinge

15 V – ma non si riesce proprio ad avanzare.

16 V – «Di nuovo tanta gente, oggi»

17 V – geme

18 V – e ricontrolla

19 V – rapida/in fretta

20 V – fatta da poco.

S *mit der frischen Dauerwelle* = con la permanente appena fatta
In casi come il nostro, *frisch* va tradotto con «appena/da poco»:
– *frisch gebackenes Brot*: pane appena sfornato/sfornato da poco
– *ein frisch gewaschener Pullover*: un maglione appena lavato/lavato da poco
– *frisch gefallener Schnee*: neve appena caduta/caduta da poco
– *ein frisch verheiratetes Paar*: una coppia appena sposata/sposata da poco.

21 V – **se** la permanente appena fatta **è a posto.**

22 V – passata

23 V – è andata

S Se si traduce *war* con il verbo «essere», si ricorre all'imperfetto; se invece si sceglie «andare», occorre il passato prossimo, perché la prospettiva richiesta dal verbo «andare» è quella di un'azione finita, conclusa.

24 V – Perlomeno

25 V – non si doveva aspettare.»

26 S Traduciamo *Butterschiff*, concetto estraneo alla realtà italiana, con «nave-mercato» per sottolineare che la nave non è più un mezzo per viaggiare, ma diventa un mercato dove si possono fare acquisti particolarmente vantaggiosi.

27 V – Stress **da nave-mercato a bordo dell'Habicht II.**

28 V – il corteo

29 V – si fa **strada**

30 V – i ripiani

31 V – pieni di roba.

32 V – leste/veloci/pronte

33 V – senza sosta

34 V – passare

35 S Nel tradurre *Korn* con «acquavite» si è volutamente tralasciata la precisazione «di grano» per non appesantire il ritmo della sequenza «cognac, Camel, formaggio, acquavite» che già è di tono minore, rispetto al tedesco, per la mancanza dell'allitterazione *Cognac, Camel, Käse, Korn.*

36 V – si sente **dire**

37 V – in cui **si trovano**

38 V – «ce la fa a prendermi le Marlboro?»

39 S I passeggeri della nostra «nave-mercato» non possono essere che «acquirenti-passeggeri».

40 V – la nota

41 V – per l'amor di Dio

42 V – spuntano

43 V – una voce dopo l'altra

44 V – ogni tanto

45 V – di tanto in tanto **l'altoparlante di bordo che gracchia**

46 V – gracchiante **che viene dall'altoparlante di bordo**

47 V – «Non lasciatevi sfuggire/fatevi scappare

   S non lasciatevi
Una caratteristica particolarmente interessante del linguaggio pubblicitario italiano è il tono confidenziale e diretto dei suoi messaggi che si rivela nell'uso delle forme pronominali «tu, voi, noi» e dei rispettivi possessivi, nonché nell'uso dell'imperativo che invita, esorta, raccomanda:
– L'Italia conta su di te.
– Laviamoci dentro.
– Al vostro fianco in Italia e nel mondo.
– Sorridi!

48 V – con cravatta **intonata/abbinata**

49 V – la sa lunga/è smaliziata

50 V – avvisa.

51 V – ho preso **una bella fregatura/bidonata.»**
– ci sono cascata come un pollo/tordo.»

52 V – di viaggiatori

53 V – rappresentato

54 V – ottimo

55 V – hanno finora costituito per gli armatori delle navi-mercato del Mare del Nord e del Baltico un brillante affare.

   S La presenza dell'avverbio temporale «finora» qui obbliga a usare il passato prossimo.

56 V – Tuttavia

57 V – i lauti **introiti**
– le casse siano piene

58 S propria
«Proprio (propria, proprie, propri)» ha la funzione di *sostituire il possessivo* – come nel nostro caso – o di *rafforzarlo*.

Es: – Sono tornati al proprio paese solo dopo il terremoto.
– L'ho visto sparare con i miei propri occhi.

Inoltre «proprio» si usa sempre nelle *costruzioni impersonali* del tipo:
– È liberatorio parlare dei propri problemi.

Si ricorre a «proprio» al posto di «suo» *in caso di ambiguità.*
Es: – Marco e Guido stavano giocando a bocce; ad un certo punto Marco si arrabbiò e, prese le proprie bocce, le scagliò contro il muretto.
(Se al posto di «proprie» ci fosse «sue» (le sue bocce), non sarebbe chiaro a chi appartengano le bocce.)

59 V – esistenza.

60 V – all'interno

61 S La possibile traduzione di *Inlandsreisen* «viaggi all'interno del Paese» non è adatta al nostro contesto, in quanto non si parla di un unico Paese, ma di tutti quelli che fanno parte della Comunità Economica Europea. Per questo si è dovuto rovesciare il concetto e ricorrere a «viaggi all'estero».

62 V – dal punto di vista

63 V – la pacchia

64 V – esenti da tasse.

65 V – un progetto di direttive **della Commissione della CEE presentato più di due anni fa.**

19 «Zu auffällig, Ihr Typ»

Dreißig Jahre Theaterarbeit – und dann rief Fellini an

Samstag, 1. April 1989. An dem Tag ist sie klauen gegangen. Im Supermarkt. «Um den Kindern was Schnuckeliges zu essen zu machen», sagt sie. Eine Dose Lachs. Eine Flasche Wein. Sie wurde erwischt und nach ihren Personalien gefragt. Lorose Keller. Geboren am 28. Juli 1932 in
5 Iserlohn. Schauspielerin. Kaum Einkommen. Sie durfte nach Hause gehen. Stieg die 119 Stufen im Kölner Altbau hoch. Boheme unterm Dach mit fließend kaltem Wasser und Blick auf den Dom. Sie war traurig und hatte auch Wut im Bauch. Dann rief Federico Fellini an.

10 Natürlich war er es nicht selbst. Eine Assistentin wollte Lorose Keller sprechen. «Fellini wants you.» Wann sie kommen könnte? Noch am selben Tag? Der Meister stecke mitten in den Dreharbeiten zum neuen Film. Nein, sagte Lorose Keller. Das Geld für einen Flug könne sie nicht zusammenkratzen. Doch sie kapierte allmählich, daß ihr Brief an
15 Fellini tatsächlich angekommen war.

«Haha», sagten die Freunde, «hast du vergessen? 1. April.» Die Stimme am Telephon hatte «richtig realistisch» geklungen und «sehr entfernt ausländisch». Trotzdem. Bis Sonntag mittag wartete sie darauf, daß jemand seinen Scherz zugab. Dann stieg sie in den Zug nach Rom.

20 Der Film ist gedreht. Schon aufgeführt. Bös kritisiert. Bewundert. *«La voce della luna»*, «Die Stimme des Mondes». Ab heute auch in den deutschen Kinos. Die Rolle der Lorose Keller ist klein und schön. Gut gespielt wie alles im Leben der Schauspielerin, die dreißig Jahre im Beruf ist und sich davon zwanzig Jahre in Köln durchschlägt. Die Kölner fangen an, es immer schon gewußt zu haben. Et Lorose. «Eine Deutsche in
25 einem Fellini-Film ist ja nicht so häufig», sagt die endlich Verehrte und hofft mit 57 Jahren auf den großen Durchbruch. ▷

«Troppo appariscente, il Suo tipo»
Trent'anni attività teatrale[1], poi la telefonata di Fellini[2]

Sabato 1° aprile 1989. Quel giorno è andata[3] a rubare. Al supermercato. «Per fare[4] ai figli qualcosa di carino[5] da mangiare», dice. Una scatola di salmone. Una bottiglia di vino[6]. L'hanno beccata[7] e le hanno chiesto[8] le generalità. Lorose Keller. Nata a Iserlohn il 28 luglio 1932[9]. Attrice. Praticamente[10] senza reddito[11]. L'hanno lasciata andare[12] a casa. Ha salito[13] i 119 gradini della vecchia casa[14] di Colonia. Bohème sotto il tetto, con acqua corrente fredda e vista sul duomo. Era triste ed anche furiosa[15]. Poi ha telefonato Federico Fellini.
Non lui in persona, ovviamente[16]. Una sua assistente[17] voleva parlare con Lorose Keller. «Fellini wants you.» Quando poteva arrivare[18]? Il giorno stesso[19]? Il maestro era immerso[20] nelle riprese del nuovo film. No, ha detto Lorose Keller. I soldi per il volo[21] non riusciva a racimolarli[22]. Tuttavia[23] capiva[24] a poco a poco che la sua lettera a Fellini era davvero[25] arrivata.
«Ah, ah», hanno detto gli amici, «ti sei dimenticata? È il primo d'aprile[26]». La voce al telefono era sembrata ‹proprio autentica[27], straniera e molto lontana[28]›. Eppure[29] ... Ha aspettato fino a domenica a mezzogiorno che qualcuno confessasse[30] lo scherzo[31]. Poi è salita sul treno[32] per Roma.
Il film è finito[33]. Già uscito[34]. Criticato duramente. Ammirato. «La voce della luna.» Da oggi anche nei cinema tedeschi[35]. La parte di[36] Lorose Keller è piccola e bella[37]. Recitata bene[38], come tutto nella vita dell'attrice, che è nel mestiere da trent'anni e da venti sbarca il lunario[39] a Colonia. Quelli di Colonia cominciano a dire di averlo sempre saputo. La[40] Larose ... «Una tedesca in un film di Fellini è una rarità[41]», dice l'attrice finalmente ammirata[42], che[43] a 57 anni[44] spera di sfondare[45]. ▷

Als sie dann am Drehort angekommen war, nach all den angstvollen Stunden im Zug, ist sie Fellini in die Arme geflogen. «*Sei felice?*», fragte er. Ja. Sie war glücklich. Die italienischen Worte strömten heraus, die sie als Mädchen beim Trampen in Italien gelernt hatte. Fellini hörte ihr zu und entschied dann doch, mit ihr in englischer Sprache zu arbeiten. Keine Hürde. Schließlich hatte sie in dieser Sprache mal ihr Dolmetscher-Examen gemacht. All ihre Talente wollte sie dem großen Regisseur zu Füßen legen. Es sind viele. «Woher hast du das schöne Gesicht?», fragte Fellini. Und Lorose Keller gab die Antwort: «Das hat das Leben gemacht.»

Carmen Korn

---

1. Osservazioni sul testo

Un'attrice tedesca in un film di Fellini è cosa tanto rara da meritare lo spazio di mezza pagina in *Die Zeit* (Modernes Leben). La giornalista Carmen Korn ci fa conoscere la fortunata, Lorose Keller, con un articolo caratterizzato da un linguaggio colloquiale con sfumature popolari, conciso e di effetto, da cui nasce una grande spontaneità. È come se l'autrice lasciasse raccontare a Lorose stessa della sua vita, del suo lavoro, dell'incontro con Fellini. Sono pochi i punti in cui la giornalista interviene direttamente per completare il ritratto di Lorose.

2. Consigli per la traduzione

Prima di scegliere il tempo per i verbi che costituiscono l'ossatura del racconto, si rifletta sul genere del brano. Sempre per la scelta dei tempi si individuino le frasi in cui Carmen Korn fa parlare Lorose Keller, cioè i punti in cui ci si trova in presenza di un discorso indiretto libero.
Riguardo al lessico, poi, il termine *Kölner* non ha un corrispondente in italiano; bisogna ricorrere ad espressioni del tipo «la gente di», «quelli di», «gli abitanti di», non sempre intercambiabili. Si pensi a quale espressione è adatta al nostro contesto e in quali casi si potrebbero usare le altre.

Arrivata[46] sul luogo delle riprese, dopo tutte le ore[47] di ansia passate[48] in treno, si è buttata[49] fra le braccia di Fellini. «Sei felice?» le ha domandato lui. Sì. Era felice. Le parole italiane, imparate[50] da ragazza facendo l'autostop in Italia, le venivano fuori[51] senza difficoltà. Eppure Fellini, dopo averla ascoltata, ha deciso[52] di lavorare con lei in inglese. Nessun ostacolo[53]. Dopo tutto in questa lingua aveva fatto[54] a suo tempo l'esame di interprete. Voleva offrire[55] al grande regista tutte le sue qualità[56]. E sono molte. «A chi devi questo bel viso[57]?» ha chiesto Fellini. E Lorose Keller ha risposto[58]: «Alla vita[59].» 30 35

---

3. Varianti e spiegazioni

1 S Per l'uso della virgola al posto del *Gedankenstrich,* vedi *Caro M.,* n. 10, p. 155

2 V – ha telefonato Fellini.

3 S Qui manteniamo il passato prossimo (come in tedesco), tempo che useremo anche in seguito per quei verbi che costituiscono l'ossatura del racconto. Tale scelta è determinata dal brano, un pezzo giornalistico, che per sua natura predilige il passato prossimo.

4 V – preparare

5 V – particolare/ghiotto

6 S *eine Dose Lachs* = una scatola di salmone
eine Flasche Wein = una bottiglia di vino

Il *partitivo* si forma con la *preposizione articolata «di»:*
– *Jeden Morgen kaufte sie Wein.* Ogni mattina comprava del vino.
– *Er schenkte ihr Stoff.* Le regalò della stoffa.

Ma se il *partitivo* è espresso da un'unità di misura o da una quantità seguita da un attributo di materia o di contenuto, l'articolo viene omesso:

– *Jeden Morgen kaufte sie eine Flasche Wein.*
– Ogni mattina comprava una bottiglia di vino.

– *Er schenkte ihr drei Meter Stoff anstatt des Kleides, das er ihr versprochen hatte.*
– Le regalò tre metri di stoffa invece del vestito che le aveva promesso.

– *In aller Stille hat Donatella sich zwei Schachteln Pralinen einverleibt.*
– Zitta zitta, Donatella si è fatta fuori due scatole di cioccolatini.

7 V – colta sul fatto/scoperta

S Si preferisce tradurre con la forma attiva «l'hanno beccata» per simmetria con il verbo della frase che segue.

8 S Non essendo possibile in questo caso la forma passiva di «chiedere» (chiedere a qualcuno), si è fatto ricorso alla forma «le hanno chiesto», nella quale la terza persona plurale ha valore impersonale.

9 S nata a Iserlohn il 28 luglio 1932
In italiano, spesso, *il complemento di luogo* precede *il complemento di tempo.*
Questo accade di regola nei documenti e nel linguaggio burocratico.
Es: – Il sottoscritto, Virgilio Tommasini, nato a Pavia, il 14 febbraio 1949, residente a Bergamo, via dei Mille 35, chiede ...

«nata a Iserlohn»
La preposizione «a» che qui introduce un *complemento di stato in luogo* serve anche a formare altri complementi, come per esempio

a) *il complemento di moto a luogo*
  Es: – Dai, vai alla mostra di tua suocera, le farà piacere!

b) *il complemento di tempo determinato*
  Es: – In casa Stortini si mangia all'una precisa.

c) *il complemento di modo e maniera*
   Es: − Sono un tipo all'antica, non mi piace pagare a rate.

d) *il complemento di mezzo e strumento*
   Es: − È un maglione fatto tutto all'uncinetto, ecco perché è così caro!

10 V − Quasi

S È frequente in italiano l'opportunità di tradurre *kaum* con l'avverbio «quasi» seguito da una forma negativa; qui senz'altro preferibile a locuzioni come: «a malapena/a stento».

11 V − entrate.

12 S *sie durfte nach Hause gehen* = l'hanno lasciata andare a casa
Per una certa continuità di stile, si propone anche qui la costruzione con valore impersonale «l'hanno lasciata andare a casa», che riprende le frasi precedenti «l'hanno beccata, le hanno chiesto». Essendosi in questo modo rovesciata la prospettiva, diventando cioè lei, Lorose, il complemento oggetto della nostra frase, si è dovuta ovviamente scegliere un'altra costruzione, quella con «lasciare». Il passato prossimo, il nostro tempo della narrazione, indica che continua il racconto dei fatti accaduti all'attrice.

V − È potuta andare
   − Poteva andare/tornare

S L'imperfetto «poteva» presuppone che la frase sia parte di un discorso indiretto non esplicito: le hanno detto che poteva andare a casa.

13 S Si ricordi che «salire» quando è usato transitivamente, come nel nostro caso, ha come ausiliare «avere», quando invece è intransitivo, «essere». Allo stesso modo si comportano, tra gli altri: «scendere, cominciare/finire, aumentare/diminuire, cambiare, continuare, passare».

14 V − del vecchio edificio

15 V − e anche **arrabbiatissima/furibonda.**

16 V – Non di persona, naturalmente.
    – Naturalmente non era lui in persona.

17 S una sua assistente
    In questo caso l'italiano sente l'esigenza di specificare, con l'aggiunta del possessivo, di chi sia l'assistente.

18 V – **sarebbe potuta/avrebbe potuto** arrivare

    S Nel testo si è proposta la forma di discorso indiretto più semplice e quindi più frequente nella lingua parlata, mentre quella della variante segue più rigorosamente la regola del discorso indiretto.

19 V – In giornata?/Quello stesso giorno?

    S Non occorre tradurre *noch* in italiano, la frase mantiene ugualmente il suo valore.

20 V – impegnato

21 V – per l'aereo

22 V – metterli insieme.

23 V – Ma

24 V – a poco a poco ha capito

    S L'imperfetto dà la prospettiva di un'azione non finita, non compiuta, che si deve ancora concludere: Lorose telefona e nel corso della telefonata parola dopo parola, «a poco a poco» appunto, riceve la conferma che la sua lettera è arrivata. Il passato prossimo segnala invece solo il momento in cui Lorose ha compreso, non il graduale processo del comprendere.

25 V – veramente

26 V – «È il primo d'aprile, te lo sei dimenticata?»
    – «Hai dimenticato/scordato che è il primo d'aprile?»

S 1° d'aprile

In Italia tutti gli scherzi, dal più semplice al più raffinato, che si usano fare il primo d'aprile si chiamano «pesce d'aprile». Lo scherzo più diffuso è infatti quello di attaccare un pesce di carta sulla schiena di una persona senza che questa se ne accorga, per suscitare l'ilarità generale.

Il pesce, che nella simbologia più antica è fonte di vita e di rigenerazione, ha la funzione di risvegliare simbolicamente chi a primavera ancora dorme.

27 V − vera

28 S La traduzione letterale di *sehr entfernt ausländisch,* «molto lontanamente straniera» − oltre ad essere stilisticamente inaccettabile − trasmetterebbe un messaggio completamente opposto («voce vagamente straniera») a quello voluto: qualificare cioè la voce come straniera e proveniente da lontano.

29 V − Tuttavia ...

S I puntini di sospensione danno ancor più efficacia ad «eppure» e a «tuttavia» che qui esprimono un'incertezza, un dubbio.

30 V − ammettesse

31 V − di aver fatto lo scherzo.

32 V − ha preso il treno

33 V − fatto.

34 V − presentato.

35 V − in Germania.

36 S La preposizione «di» non è articolata perché precede un nome proprio seguito dal cognome.

37 V − Lorose Keller ha un ruolo piccolo e bello.

38 V − Ben recitata

39 V − ci campa

40 S Abbiamo reso con «la» l'espressione del dialetto di Colonia *et* che sta per il pronome neutro *es* e che viene usata per il femminile.

41 V − «Una tedesca in un film di Fellini non si vede spesso»
− «Non capita tutti i giorni di vedere una tedesca in un film di Fellini»

42 S Talvolta non è possibile rendere letteralmente il participio passato sostantivato tedesco; in questi casi esso diventa in italiano un sostantivo accompagnato dal participio passato stesso; qui il sostantivo che fa al nostro caso è «attrice».

43 V − e spera a 57 anni di sfondare.

44 V − all'età di 57 anni

S *mit 57 Jahren* = a 57 anni / all'età di 57 anni
Per esprimere il *complemento d'età* si usano anche le preposizioni «di» e «su»:
− Non puoi pretendere questo da un cane di sei mesi!
− Ho visto un signore sui cinquant'anni (cioè, di circa cinquant' anni) che giocava al pallone come un ragazzino.

45 V − spera **nel grande successo.**

46 S Non è stata proposta la variante con «dopo che», possibile traduzione di *als,* per evitare la ripetizione inevitabile con il «dopo» che segue.

47 V − dopo le tante ore

48 V − trascorse

49 V − gettata

50 V − che aveva imparato

S le parole italiane imparate
La frase relativa tedesca talvolta può essere resa in italiano, come nel nostro caso, anche con il participio passato.
Es: – *Die Gesetze, die im Bereich des Bauwesens erlassen wurden, berücksichtigen mitunter nicht den ökologischen Aspekt.*
– Le leggi emanate nell'ambito dell'edilizia talvolta non tengono conto dell'aspetto ecologico.
Altre frasi relative tedesche possono essere tradotte anche con le costruzioni
a + infinito
– *Aldo ist immer der letzte, der im Büro eintrifft.*
– Aldo è sempre l'ultimo ad arrivare in ufficio.

da + infinito
– *Es sind Leute, mit denen man nicht mehr verkehren sollte.*
– Sono persone da non frequentare più.

51 V – sono venute/uscite fuori

S Usando il passato prossimo si privilegia l'aspetto dell'azione finita, conclusa; l'imperfetto sottolinea invece quello dell'azione non finita, non conclusa, coinvolgendo emotivamente, in un certo senso, il lettore che vede, o per meglio dire «sente», trattandosi di parole, l'azione nel suo svolgersi graduale.

52 V – Fellini l'ha ascoltata e poi però ha deciso

53 V – Nessuna difficoltà./Nessun problema./Non c'era problema.

S non c'è problema
Quest'espressione, calco dell'inglese «*no problem*», è piuttosto recente e molto diffusa nella lingua parlata; serve a tranquillizzare qualcuno, a sdrammatizzare una situazione, a segnalare disponibilità nel cercare una soluzione al problema.
☐ Non ha ancora presentato quella domanda.
■ Non c'è problema! Ci sono ancora quattro giorni di tempo.

▷ Accidenti, è domenica e non ho neanche una lira!
▶ Non c'è problema! Abbiamo il Bancomat.

54 S Il verbo «fare» spesso è preferito, nella lingua parlata, a quei verbi che, in modo più appropriato indicano l'azione cui esso si riferisce:

fare un compito	eseguire un compito
fare attenzione	prestare attenzione
fare un quadro	dipingere un quadro
fare una canzone	comporre una canzone
fare un contratto	stipulare un contratto
fare una società	costituire, fondare una società
fare un gol	segnare un gol
fare un discorso	pronunciare, tenere un discorso
fare scalpore	suscitare scalpore

Nel nostro caso, date le caratteristiche del pezzo — ricco di espressioni della lingua parlata — stonerebbe un po' dire «aveva sostenuto l'esame di interprete».

55 V — mettere a disposizione del

56 V — tutto il suo talento. Ed è grande/molto.

57 V — «Da dove ti viene questo bel viso?» ... «Dalla vita.»

58 V — E la risposta di Lorose Keller

59 V — «Me l'ha fatto la vita.»

190

20 Schlager im Schnee
Neues aus den Abruzzen

Für den geduldigen Nichtskönner waren die Viertelstunden an den Schleppliften von Terminillo schon immer die Würze des Skisports, das eigentliche Vergnügen, die heimliche Erfüllung.

Richtig, auch hier konnte man sich blamieren: Gleich nach dem Ergrei-
5 fen des Bügels etwa, in jenen Sekunden der latenten Panik, wenn man das ganze Körpergewicht in die Waden zu drücken versuchte und mit zusammengekniffenen Hinterbacken auf den plötzlichen scharfen Ruck wartete, der einen zu Boden schleudern konnte. Vor einer Hundertschaft blasierter Römer das Gleichgewicht zu verlieren und als
10 sperriges Treibgut den Verkehrsfluß zu behindern – solch eine krasse Darbietung von *brutta figura* konnte einem für den Rest des Tages das Selbstwertgefühl zertrümmern.

Aber sonst war es am Lift stets am schönsten. Nichts (außer einer gewissen Breitbeinigkeit) unterschied einen da von denen, die auf den
15 Hängen zu brillieren vermochten; keiner merkte, daß man in Wirklichkeit nicht dazugehörte; und doch fuhr man Ski. Unbeschwert durch die Stille bergauf gleiten, in die Sonne blinzeln, die Augen schließen, tief durchatmen, gar nicht daran denken, wie steil und eisig die nächste Piste wird, rasch vergessen, wie einem beim letzten Male die *bambini* aus
20 Trastevere davongefahren sind! Was gibt es Angenehmeres, als von lautloser Mechanik befördert zu werden durch die abruzzischen Wälder, wo noch vor kurzem angeblich die Wölfe heulten, zwischen Hängen, die vor einem halben Jahrhundert von der Sportskanone Benito Mussolini erschlossen worden waren (mit Zipfelmütze und entblößtem
25 Brusthaar reckte er vor den Photographen das Cäsaren-Kinn), so nahe an Rom und doch so fern von Lärm und Gestank? Das mühelose Gleiten, die Majestät der Berge, die vollkommene Stille – das war es wert, zwischendurch immer wieder mit zusammengebissenen Zähnen eine Abfahrt hinter sich zu bringen, die fatale Mischung aus Untalent und
30 Übergewicht zu entblößen: Skifahren war nun einmal der entwürdigende Preis, den man für das königliche Vergnügen entrichten mußte, den Schlepplift zu benutzen. So war es bis Februar 1985; so ist es nicht mehr.

Carlos Widmann

192

Canzonette[1] sulla neve
Novità dall'Abruzzo[2]

Per[3] chi non sa sciare[4], ma è provvisto di pazienza[5], i quarti d'ora sugli ski-lift[6] del Terminillo[7] hanno sempre rappresentato[8] l'attrattiva dello sci[9], il vero divertimento, l'appagamento segreto[10].

Certo[11], anche qui ti[12] potevi rendere ridicolo[13]: per esempio subito dopo aver afferrato[14] il gancio, in quei secondi di panico latente, quando cercavi di portare tutto il peso sui polpacci[15] e con le natiche[16] ben strette aspettavi lo strappo brusco e improvviso che ti poteva scaraventare a terra[17]. Perdere l'equilibrio davanti ad una centuria di romani boriosi[18] ed ostacolare il flusso[19] del traffico come relitto ingombrante[20]: uno spettacolo così inaudito[21] di brutta figura[22] poteva annientarti[23] la considerazione[24] di te stesso per il resto della giornata.

Ma, a parte questo[25], salire con lo ski-lift[26] era sempre[27] la cosa più bella[28]. Niente, sullo ski-lift[29] (se non un certo modo di tenere le gambe larghe)[30], ti distingueva da quelli che sapevano brillare[31] sulle piste; nessuno si accorgeva[32] che in realtà non eri dei loro, eppure[33] sciavi[34]. Risalire scivolando[35] spensierati[36] nel silenzio, essere abbagliati dal sole, chiudere gli occhi, respirare profondamente[37], non pensare affatto a quanto sarà ripida e ghiacciata[38] la prossima pista[39], dimenticare in fretta come ti hanno lasciato indietro, l'ultima volta, i bambini di Trastevere[40]! Cosa c'è di più piacevole che essere trasportati da un meccanismo silenzioso attraverso[41] i boschi dell'Abruzzo[42], dove fino a poco tempo fa, a quanto si dice[43], ululavano i lupi, tra pendii che mezzo secolo fa furono inaugurati[44] da quell'asso dello sport[45] che fu[46] Benito Mussolini (con[47] il berretto a punta e col villoso petto nudo[48] offriva[49] ai fotografi il mento imperiale), così vicino a Roma e tuttavia così lontano dal rumore e dal puzzo[50]? Scivolare[51] senza fatica, godersi[52] la maestosità delle montagne[53], il silenzio assoluto; per tutto questo valeva la pena di stringere i denti[54] e di fare ogni tanto una discesa, mettendo[55] a nudo[56] il miscuglio fatale di mancanza di talento e di eccesso di peso[57]: sciare era dunque il prezzo[58] umiliante che si doveva[59] pagare per il piacere divino[60] di usare lo ski-lift. Così è stato fino al febbraio del 1985; adesso non lo è più[61].

1. Osservazioni sul testo

Carlos Widmann, per anni appassionato corrispondente dall'Italia della *Süddeutsche Zeitung*, commenta qui una delle ultime novità dell'Appennino. Sulle piste del Terminillo da qualche tempo non si scia più immersi nella pace della natura ma al ritmo delle canzoni in voga. Il pezzo costituisce un vero e proprio piacere per chi lo legge, denso com'è di immagini vivaci e movimentate, spesso comiche. Solo una sintassi particolarmente complessa (periodi lunghi con molte subordinate) ed un lessico piuttosto impegnativo (parole composte e termini ricercati) potevano dare un tale spessore all'articolo.

2. Consigli per la traduzione

Se s'intende la traduzione come una sfida, non esiste testo migliore di questo per cimentarvisi.
Si consiglia di esaminare il testo con molta attenzione, frase dopo frase, riconoscendo le proposizioni principali e quelle secondarie; di analizzare le parole composte considerando i termini che le compongono e il rapporto che lega i termini stessi tra di loro. Si cerchino nel brano i passi in cui compare *man* e si pensi ad una sua traduzione diversa da «si».

3. Varianti e spiegazioni

1 V – Canzoni di successo

2 V – dagli Abruzzi

    S La forma plurale si trova soprattutto in contesti di argomento storico; lo stesso si dica di Puglie (Puglia).

3 S per
    La preposizione «per» qui introduce un *complemento di vantaggio*.
    Tra gli altri complementi retti da «per», ricordiamo:
    a) *il complemento di causa*
        Es: – Il viaggio è stato rimandato per mancanza di partecipanti.

b) *il complemento di fine/scopo*
   Es: – L'azienda ha studiato un programma articolato per il controllo del mercato estero.

c) *il complemento di mezzo*
   Es: – Gli ultimi dati sono arrivati per telex.

d) *il complemento di moto per luogo e di moto a luogo*
   Es: – Che?! Sei partito da Bologna per Perugia e sei passato per Ancona?

4 V – chi è digiuno di sci

S *Nichtskönner* qui non è usato in senso generale, si riferisce solo a chi non è capace di sciare, e in italiano bisogna dichiararlo traducendo «chi non sa sciare, chi è digiuno di sci».

5 V – ma **è paziente**

6 V – skilift(s)/sulle sciovie

S Comune per il termine «ski-lift» anche la grafia della variante.

7 S Il Terminillo (m 2216), che un tempo faceva parte del territorio dell'Abruzzo, in seguito allo spostamento dei confini di regione deciso dal governo fascista, fu posto sotto la giurisdizione del Lazio, per dotare l'Urbe di una propria stazione montana.

8 V – sono sempre stati

S Questo uso dell'avverbio temporale «sempre», che qui esprime una continuità senza interruzione, determina la scelta del passato prossimo.

9 V – **il meglio** dello sci

10 V – la soddisfazione segreta

11 V – È vero

12 S Il pronome «ti» qui ha lo stesso valore generico del «si» impersonale. Si preferisce usare «ti» rispetto a «si» quando ci si vuol rivol-
gere a chi legge o a chi ascolta in modo più diretto, quando si vuol
coinvolgere maggiormente il destinatario del messaggio.

13 V – si poteva fare una figuraccia

14 S Due ragioni ci hanno indotto a tradurre *nach dem Ergreifen* con
«dopo aver afferrato»: la presenza della congiunzione temporale
«dopo» e l'uso piuttosto raro in italiano dell'infinito sostantivato.

15 V – si cercava di caricare sui polpacci il peso di tutto il corpo

16 V – con le chiappe

   S *Hinterbacke* = natica, chiappa
   Il termine «chiappa», che si trova soprattutto al plurale, è più colloquiale e meno formale rispetto a «natica».

17 V – **si aspettava ... che avrebbe potuto buttare** a terra.

18 V – presuntuosi

19 V – lo scorrimento

20 S Per la punteggiatura proposta qui, vedi *Caro M.*, n. 10, p. 155

21 V – terribile/orribile

22 S brutta figura
   La «brutta figura» è il comportamento sconveniente rispetto a va-
   lori sociali ed etici generalmente riconosciuti che suscita un'impressione, un giudizio negativi.
   Il concetto opposto, quello di «bella figura», contiene la necessità
   e il desiderio di trasmettere agli altri un'idea di sé e del proprio
   essere sociale che impressioni positivamente il prossimo.
   Il fare quindi «bella» o al contrario «brutta figura» indica la capacità o meno di adeguarsi con rapidità ed efficacia ad una serie di
   comportamenti sociali comunemente accettati.

Si ricordino alcune espressioni, come:

- che figura!
- fare meschina/magra figura ⎤ *einen schlechten Eindruck*
- fare una figuraccia/una   ⎟ *machen*
  figura barbina   ⎦
- fare una figurona/un   ⎤
  figurone   ⎬ *einen guten Eindruck machen*
- una splendida figura   ⎦

Es: – Invitati a cena dallo zio Annibale, Nino e sua moglie si
    sono presentati con un'ora di ritardo e a mani vuote: che
    figura!

     – All'esame di meccanica razionale Leo ha fatto un figurone.

23 V – distruggere ... di se stessi

24 V – la stima

25 V – per il resto

26 V – stare sullo ski-lift

27 S In questo caso, in cui «sempre» (ogni volta) esprime il ripetersi di
un'azione, *war* si traduce con l'imperfetto.

28 V – il momento più bello.

29 S Per motivi stilistici abbiamo reso *da* (qui) con «sullo ski-lift».

30 V – (a parte una certa apertura delle gambe)

31 V – che **spiccavano**

32 V – nessuno **notava**

33 V – **ma** sciavi **lo stesso.**

  S *doch*
Tra i numerosi modi di tradurre *doch,* segnaliamo i più frequenti:
doch (wirklich) = davvero, veramente, realmente

– *Deine Ausrede ist doch lächerlich!*
– La tua scusa è davvero ridicola.

doch (aber) = ma, pure, però, eppure, ciononostante
– *Sie sind noch nicht da, doch werden sie bald zurück sein.*
– Non sono ancora qui, ma presto saranno di ritorno.

doch (trotzdem) = ma, eppure, tuttavia, ciononostante
– *Lucio ist frech, doch er ist nicht unsympathisch.*
– Lucio è sfacciato, eppure non è antipatico.

doch (pleonastico) = non tradotto
– *Wir haben es doch gewußt.*
– Lo sapevamo.

doch (rafforzativo) = su, avanti, forza, dai
– *Beeile dich doch!*
– Dai, spicciati!

34 V – si sciava.

35 S La traduzione letterale di *bergauf gleiten* risulterebbe stilisticamente debole; si è pensato così di rendere *bergauf* con l'infinito «risalire» e *gleiten* con il gerundio «scivolando» che indica il modo in cui si risale.

36 V – senza pensieri

37 V – respirare a fondo

38 V – gelata

39 V – la pista successiva

40 S Trastevere (al di là del Tevere, dal latino «trans Tiberim»), il più popolare e il più romano dei quartieri di Roma, è anche uno dei più antichi. Abitato tradizionalmente da artigiani, oggi è anche il quartiere degli artisti e meta degli amanti della buona cucina romana per il gran numero di trattorie più o meno chic e «salate».

41 V – tra

42 V – d'Abruzzo/abruzzesi

S Riguardo all'uso dell'*articolo determinativo con le preposizioni* che precedono i nomi di regione (sia le amministrative, sia le storico-geografiche), si osservino i seguenti casi:

«in»: − in Umbria, in Maremma; nel Veneto, nelle Marche, nel Monferrato

L'articolo, come mostrano gli esempi, manca, in generale, con i nomi femminili singolari ed è presente invece con i nomi maschili o plurali.

Ma si dice: in Piemonte, in/nel Trentino.

«di»: − i laghi di Lombardia, le colline d'Umbria
      − i laghi della Lombardia, le colline dell'Umbria

Nel primo caso, quei laghi, quelle colline «appartengono all'*immagine* della regione» nel secondo, invece, essi sono «una designazione geografica più obiettiva» (Lepschy, p. 154).

43 V − come si dice

44 S In questa frase secondaria non è possibile in italiano mantenere il trapassato prossimo, si ricorre al passato remoto, dato che nella frase principale c'è il presente. Se in quest'ultima ci fosse stato l'imperfetto, allora avremmo potuto usare il trapassato prossimo.

45 V − da **quel supersportivo**

46 V **di** Benito Mussolini

47 V − (**che** con

48 S L'espressione «a torso nudo» non ricorre comunemente con altri aggettivi. Vi si deve quindi rinunciare per la presenza dell'aggettivo «villoso».

49 V − **protendeva davanti** ai fotografi

50 V − dal chiasso e dalla puzza?

51 S In italiano − come abbiamo già ricordato sopra − l'uso dell'infinito sostantivato è piuttosto raro, dunque abbiamo preferito tradurre *das Gleiten* con «scivolare».

52 S L'aggiunta in italiano, rispetto al testo tedesco, di «godersi» è opportuna per dare armonia alla frase, iniziata con l'altro infinito «scivolare».

53 V – le montagne maestose

54 S Traducendo *mit gebissenen Zähnen* «a denti stretti» (contro voglia, con rabbia), la frase assumerebbe un significato ben diverso da quello voluto; per questo si è fatto ricorso all'infinito «stringere i denti».

S dente
La parola «dente» si trova in varie espressioni idiomatiche, tra cui:
– avere il dente avvelenato (odiare qualcuno, avercela con qualcuno)
– fuori dai denti (con assoluta sincerità, franchezza)
– a denti stretti (contro voglia, con rabbia)
– mettere qualcosa sotto i denti (mangiare)

Es: – Dopo quell'affronto Bettina ha il dente avvelenato contro Clara e tutta la sua famiglia.

– Io gliel'ho detto fuori dai denti che di quel progetto non se ne farà niente.

55 V – di mettere

56 V – allo scoperto

57 V – e di **sovrappeso**

58 V – **il tributo ... versare** per

59 V – bisognava

60 V – magnifico

61 V – ora è finita.

Bibliografia

Fonti

Si ringraziano le seguenti Case Editrici per la gentile concessione a riprodurre testi originali.

BARBIER, H. D., *Die Chancen der Kleinen*, in: *Frankfurter Allgemeine Zeitung*, Nr. 156, 9/7/1991, p. 1

BOLTE, K., *Ich sehe mich*, in: *Menschengeschichten. Drittes Jahrbuch der Kinderliteratur*. Hrsg. von H. J. Gelberg, Weinheim u. Basel 1975, pp. 184–185, Programm Beltz & Gelberg, Gulliver-TB Bd. 100

EBERT, W., *Konsum-Terror*, in: *Vor uns die Sintflut*, Wien (Europa-Verlags-AG) 1974, pp. 116–117

ENZENSBERGER, H. M., *Italienische Ausschweifungen*, in: *Ach Europa*, © Suhrkamp Verlag, Frankfurt/M. 1989, pp. 106–108

FERRA-MIKURA, V., *Horoskop für den Löwen*, in: *Horoskop für den Löwen. Bedenkliche Geschichten*, Wien (Jugend und Volk) 1982, pp. 33–34

GRASS, G., *Im Spätherbst einundvierzig ...*, in: *Hundejahre*, Neuwied–Berlin (Luchterhand) 1987, pp. 475–476

HILDESHEIMER, W., *Eine größere Anschaffung*, in: *Lieblose Legenden*, © Suhrkamp Verlag, Frankfurt/M. 1968, pp. 88–89

KASCHNITZ, M. L., *Das dicke Kind*, in: *Eisbären. Erzählungen*, Frankfurt/M. (Insel Verlag) 1976, p. 9, © Scherpe Verlag, Krefeld

KASSEBEER, F., *Die Bergfestung des Steinmetzes*, in: *Süddeutsche Zeitung*, Nr. 213, 15–16/9/1990, p. 3

KEPLINGER, I., *Managerinnen – immer noch so selten und kostbar wie Orchideen*, in: *Frankfurter Allgemeine Zeitung*, Nr. 23, 27/1/1990, p. 45

KORN, C., *Zu auffällig, Ihr Typ*, in: *Die Zeit*, Nr. 23, 1/6/1990, p. 91

KRONAUER, B., *Der Kontrolleur*, in: *Die gemusterte Nacht. Erzählungen*, Stuttgart (Klett-Cotta) 1981, p. 134

LENZ, S., *Der große Wildenberg*, in: *Jäger des Spotts, Geschichten aus dieser Zeit*, © Hoffmann und Campe Verlag, Hamburg 1958, p. 109

Lettau, R., *Herr Strich schreitet zum Äußersten,* in: *Schwierigkeiten beim Häuserbauen. Geschichten.* © Carl Hanser Verlag, München–Wien 1979, pp. 69–70

Maar, P., *Der Mann, der nie zu spät kam,* in: *Der Tag, an dem Tante Marga verschwand und andere Geschichten,* Hamburg (Oetinger) 1986, pp. 83–85

Molitor, A., *Ende einer Hamsterfahrt,* in: *Die Zeit,* Nr. 5, 26/1/1990, p. 24

Rezzori, G. v., *Mein Mailand,* in: *In gehobenen Kreisen,* © Herbig Verlag in der F. A. Herbig Verlagsbuchhandlung 1978, pp. 185–186

Schlabach, R., *Das Schlagerspiel,* in: *Sportgeschichten,* Werkkreis Literatur der Arbeitswelt, Köln 1980, pp. 82–83

Vollenweider, A., *Ich werfe eine Münze in den Brunnen,* in: *Reisen in Italien,* Frauenfeld (Huber) 1983, pp. 21–22

Widmann, C., *Schlager im Schnee,* in: *Süddeutsche Zeitung,* 16–17/3/1985, p. 10

Altre opere

Arpino, G., *Un gran mare di gente,* Milano (Rizzoli) 1981

Bettiza, E., *Il fantasma di Trieste,* Milano (Mondadori) 1985

Born, N., *Dunkelheit mit Lichtern,* in: *Täterskizzen. Erzählungen.* Reinbek bei Hamburg (Rowohlt) 1983

Buzzati, D., *Sessanta racconti,* Milano (Mondadori) 1979

Calvino, I., *Il visconte dimezzato,* Torino (Einaudi) 1981

Cassola, C., *Gisella,* Milano (Rizzoli) 1978

De Filippo, E., *I capolavori di Eduardo,* Torino (Einaudi) 1973

Eco, U., *Il nome della rosa,* Milano (Bompiani) 1981

Flaiano, E., *Tempo di uccidere,* Milano (Rizzoli) 1975

Fruttero, C./Lucentini, F., *Il Palio delle contrade morte,* Milano (Mondadori) 1983

Levi, P., *Il sistema periodico,* Torino (Einaudi) 1975

Moravia, A., *L'automa,* Milano (Bompiani) 1987

Morgner, I., *Hochzeit in Konstantinopel,* Berlin–Weimar (Luchterhand) 1979

Scerbanenco, G., *La sabbia non ricorda,* Milano (Rizzoli) 1976

SCIASCIA, L., *Il mare color del vino*, Torino (Einaudi) 1973
ZORZI, A., *La Repubblica del leone*, Milano (Rusconi) 1982

Dizionari

Monolingui:

DE FELICE, E./DURO, A., *Dizionario della lingua e della civiltà italiana contemporanea*, Firenze (Palumbo) 1986

DEVOTO, G./OLI, G., *Dizionario della lingua italiana*, Firenze (Le Monnier) 1990

DUDEN, *Deutsches Universalwörterbuch*, Mannheim–Wien–Zürich, (Dudenverlag) 1989

PALAZZI, F., *Nuovissimo dizionario della lingua italiana*, (a cura di G. Folena), Torino (Loescher) 1988

WAHRIG, G., *Deutsches Wörterbuch*, Berlin (Bertelsmann) 1986

ZINGARELLI, N., *Vocabolario della lingua italiana*, Bologna (Zanichelli) 1984

Bilingui:

Dizionario delle lingue italiana e tedesca. Parte prima: *Italiano–Tedesco*. Parte seconda: *Tedesco–Italiano*, Firenze–Roma (Sansoni) 1972

Langenscheidts Großwörterbuch Italienisch. Teil I: *Italienisch–Deutsch*. Teil II: *Deutsch–Italienisch*, Berlin–München–Wien–Zürich (Langenscheidt) 1978

Grammatiche

LEPSCHY, A. L./LEPSCHY, G., *La lingua italiana*, Milano (Bompiani) 1981

REGULA, M./JERNEJ, J., *Grammatica italiana descrittiva su basi storiche e psicologiche*, Bern (Francke) 1975

RENZI, L. (a cura di), *Grande grammatica italiana di consultazione*, vol. I, Bologna (Il Mulino) 1988

REUMUTH, W./WINKELMANN, O., *Praktische Grammatik der italienischen Sprache*, Wilhelmsfeld (Egert) 1989

SCHWARZE, CH., *Grammatik der italienischen Sprache*, Tübingen (Niemeyer) 1988

Altre opere consultate

ARCAINI, E., *Analisi linguistica e traduzione. Le scienze del linguaggio,* Bologna (Pàtron) 1986

BECCARIA, G. L., (a cura di), *I linguaggi settoriali in Italia,* Milano (Bompiani) 1963

CONTE, M. E., *L'aggettivo in italiano. Problemi sintattici,* in: *Storia linguistica dell'Italia del Novecento,* Roma (Bulzoni) 1973, pp. 75–91

DE MAURO, T., *Storia linguistica dell'Italia unita,* vol. I/II, Bari (Laterza) 1976

GALDI, L., *Introduzione alla stilistica italiana,* Bologna (Pàtron) 1971

HOLTUS, G., *La traduzione in italiano di alcune parole chiave tedesche,* in: *Civiltà Italiana* N. 1–2 (1983) pp. 29–56

Schwerpunkt: Übersetzung

Übersetzung
Italienisch-Deutsch

von Elisabeth Arend-Schwarz und Maria Lieber
unter Mitarbeit von Anna de Meo
212 Seiten, kt. ISBN 3-19-006611-6

Dieses Arbeitsbuch mit kommentierten Übersetzungen enthält in drei
Hauptteilen journalistische Texte mit landeskundlichen Inhalten, literatur-
und sprachwissenschaftliche sowie literarische Texte, alle von unter-
schiedlichem Schwierigkeitsgrad.
Die 15 Übersetzungskapitel sind gegliedert in
– textspezifische Informationen
– Text- und Musterübersetzung
– Anmerkungen und Varianten.

Weitere Titel aus unserem Programm:

Englisch-deutsche Übersetzung

von Dieter Herms
Ein Arbeitsbuch für Studenten
104 Seiten, kt. ISBN 3-19-002147-3

La traduction allemand-français

von Elisabeth Ayad und Christine Sautermeister
Difficultés du texte, essai de traduction, commentaire, bilan, exercices et
lexique
2., überarbeitete und erweiterte Auflage, 288 Seiten, kt.
ISBN 3-19-006981-6

Übersetzung Deutsch-Spanisch

von Helmut Berschin und Saturnino Vicente
Arbeitsbuch mit Texten, Musterübersetzungen und Kommentar
2., überarbeitete Auflage, 88 Seiten, kt. ISBN 3-19-006968-9

sprachen der welt
hueber   Max Hueber Verlag · D-8045 Ismaning

Schwerpunkt: Wortschatz

Italienischer Mindestwortschatz

von Dario Deho

208 Seiten, kt. ISBN 3–19–006340–0

Die Sammlung umfaßt etwa 3.400 Wörter und Ausdrücke mit ihren wichtigsten deutschen Entsprechungen. In vielen Fällen werden Beispiele und Wendungen gegeben, die dem Benutzer eine Vorstellung von der Verwendung des Vokabulars im Satzzusammenhang vermitteln. Der Wortschatz entspricht der Vokabelliste des Deutschen Volkshochschul-Verbandes für das VHS-Zertifikat Italienisch.

Italienischer Wortschatz in Sachgruppen

von Stefano Albertini und Livio Leghissa

192 Seiten, kt. ISBN 3–19–005156–9

Eine praktische Lernhilfe zur Erweiterung des Wortschatzes mit ca. 11.700 Einträgen. 20 thematische Bereiche sind in 70 Sachgruppen unterteilt, wobei die Themen Handel, Wirtschaft und Recht besonders stark berücksichtigt wurden. Maßgebend für die Auswahl der Wörter waren Untersuchungen zur Worthäufigkeit aus deutscher und aus italienischer Sicht. Unentbehrlich für jeden, der sich intensiver mit dem Italienischen befassen möchte.

Sätze aus dem Alltagsgespräch deutsch-italienisch
Mille frasi per mille usi

von Wolfgang Halm und Maria Caterina Donà dalle Rose

64 Seiten, kt. ISBN 3–19–005058–9

Diese in Sachgruppen gegliederte Zusammenstellung von Einzelsätzen und feststehenden Redewendungen gibt Auskunft über viele Fragen, die im Alltagsleben laufend vorkommen, die aber selbst Sprachkundige in Verlegenheit bringen können.

 Max Hueber Verlag · D-8045 Ismaning